U0914444

复旦发展与政策评论　第 十 辑

新时代下的中国发展模式：从乡村振兴到健康产业

复旦发展与政策评论／第十辑

赵德余　主编

新时代下的中国发展模式：从乡村振兴到健康产业

上海人民出版社

本辑序言

复旦大学发展与政策研究中心自 2006 年成立至今已经 13 年了，这是一个跨学科的社会科学研究平台，当初成立之时就秉持“聚焦智慧、关注中国”的宗旨，力图聚焦中国的经济社会发展与政策问题，探究中国发展道路与模式。本期刚好为《复旦发展与政策评论》创刊以来的第十期，我们选择以“新时代中国发展模式”为主题，希望能够对中国的发展模式在各个领域的具体经验进行盘点，但由于刊物容量的约束，我们只能选择在几个十分有限的领域里展现中国发展所取得的进展以及正面临的问题和挑战。

从理论上说，中国发展模式早期似乎是专门指相对于苏联和东欧社会主义国家的转轨模式而言的一种特殊的政治经济转轨与发展模式。并且，狭义的说，中国发展模式还特别地与基于“华盛顿共识”的苏联和东欧社会主义国家大爆炸式的转轨模式相区别的，即以“北京共识”为特征的具有中国特色的经济改革与发展的经验相联系的。相对于华盛顿共识的快速私有化、市场化、自由化以及财政货币政策的稳定化而言，基于中国改革与发展经验而提炼的北京共识也可以从渐进的产权改革、产品和要素市场的逐渐形成、对外开放(吸引外资)以及宏观调控等视角与华盛顿共识的“四化”方案进行对比。其中，从经济学研究来看，微观组织的激励机制(民营化)与价格的市场化形成机制(市场化)对于中国经济的成长与发展而言的确起到了基础性作用。但是，讨论中国发展模式显然也不能忽视城市化、政府与市场之间关系等其他方面的视角，显然，从城市化来看，人口迁移形成的劳动力供给(人口)红利以及土地用途转变形成的土地价格效应被认为是推动经济发展的重要推动力。而从政府和市场关系来看，政府如何培育、放开市场并为市场有效地运行创造条件对于理解中国发展而言也是备受关注的。无论是新古典式的守夜人或最小政府，还是西方话语中的积极型政府，无疑都不是完全适合对中国政府角色的理解。如斯蒂格利茨对政府为什么干预经济提供很好的解释，即矫正市场失灵，他认为除了制定法律和政策为市场交易提供框架规则以及维护安全等（包括反垄断促进竞争性、环境保护以及对人权的保障等）正义性目标之外，政府可以通过提供公共物品甚至直接的政府购买等支出性政策工具，以确保宏观经济增长的稳定性目标（避免经济衰退或恶性通货膨胀）。应该说，斯蒂格利茨的政策干预理论可以解释中国发展模式中政府的大部分角色和功能，但是，中国发展模式中的政府角色在两个方面存在和斯蒂格利茨对市场失灵的矫正作用非常不一样的差异，一是中国政府在过去的经济社会改革和发展过程中很长时间面临的不是市场失灵的问题，而是市场缺失或功能如何有效发挥的问题，如在粮食、石油等大宗商品和资本市场上，政府需要不断地压缩价格“双轨制”中的政府保护价、粮食定购价格或指导价（油价调价或利率指导价）等，以提高和完善市场价格的形成机制以及提高市场资源配置效率。二是地方政府在经济发展的资源动员和公共品供给方面的锦标赛机制客观上似乎创造了一种独特相互之间竞争性的政治“市场”，从而起到了解决地方公共品缺失和经济增长在投资和技术创新以及贸易等各方面进行竞争的动力问题。当然，在改革和发展的不同阶段，中国政府所发挥的上述不同的角色和作用也会出现一定的变化和调整，特别是政府在经济发展的战略规划和理性的资源配置方面的引导作用会起到举足轻重的作用，从经济改革到加入 WTO 的进一步对外开放以及一带一路倡议等等。

从实践经验来看，中国发展模式的内涵似乎远远超出以上讨论的经济学的维度。比较典型的是张维为教授 2009 年用非常朴素的语言归纳了中国发展模式的经验特质，涉及范围从经济领域扩展到包括经济、社会、政治和文化在内的各个领域的经验。当然，张维为具体勾画了中国发展模式的八个特质，分别为：现代化取向的强势政府，坚持实事求是的指导思想，消除贫困关注民生，兼顾稳定、改革和发展三者关系，抵制休克疗法的渐进策略，确定正确的改革次序，兼顾效率与公平的社会主义，以及对外开放的态度。应该说，这些特征性的经验主要是从当前国家政治生活中的政治话语中提炼出来的，其大体上反映了执政党和政府对于自身改革开放 40 年的经验认识和总结。这些判断不仅具有较为广泛的社会共识，而且也与经济学视角下政府克服市场失灵的角色和功能的解释大体上也是一致的（即市场缺乏对社会整体发展规划和目标的塑造能力、市场对贫困和不平等以及稳定等正义性常常无能为力、市场因为信息不对称而对渐进式与休克疗式改革的反应会不一样的）。考虑到不同领域对中国发展模式的解读的理论话语的差异，客观上经济学、社会学和政治学、文化艺术等各个学科对中国发展模式思考的角度或问题也会不同。相对于经济学关注中国发展模式的经济增长问题，政治学家则更多地关心政治制度改革尤其是民主化的程度，即如何以正确的方式选择正确的人并以正确的方式做出正确的政策决策。这意味着中国的政治改革不仅需要解决如何选贤任能的问题，而且还需要解决如何进行民主决策以制定正确的政策。类似地，对于社会学家而言，中国发展模式意味着如何解读在改革开放 40 年来中国社会治理体系以及其治理能力的转变，这既包括微观基层的社区治理模式的创新（如村民自治与乡村直选），也包括宏观层面的社会管理或治理体制的创新（如非营利组织的发展与社会合作关系网络如何形成以应对和治理各类突出的社会矛盾或社会问题）。

本辑收录的八篇文章聚焦于农业风险与乡村振兴、金融政策、养老保险与养老服务、商业旅游与中医药产业政策等多个领域，而最后一篇论文是从辩证唯物主义哲学角度对中国发展模式展开的反思和评论。

在农业风险与乡村振兴方面，农业生产和经营活动一直面临着自然灾害包含洪涝、干旱和台风等破坏性的冲击以及病虫害的侵袭。如何预防和降低各种自然灾害风险对农业产量造成的损失对于政府而言是其不可或缺的重要职能，政府可以采纳的一种普遍的政策工具是农业保险，洪敏三和蔡孟翰的文章提供了我国台湾地区的经验，通过其对实际农户的问卷调查，探讨了台湾地区农民对农作物保险、期货契约、农产品契约及农产品多元化四种不同风险管理工具的采用意愿，并分析了影响农民对于此四种不同农业风险管理工具采纳的相关因素。

党的十九大报告指出，农业农村农民问题是关系国计民生的根本性问题，必须始终把解决好"三农"问题作为全党工作的重中之重，实施乡村振兴战略。乡村振兴战略的实施在全国各地孕育出各种各样的具体模式和路径，其中，浙江安吉为代表的美丽乡村建设的"两山模式"(绿水青山就是金山银山)引起了国家领导人和全国各地的特别关注。楼成的文章试图基于安吉美丽乡村建设的经验对"三农"问题的演进逻辑和乡村振兴的维度把握提供自己的思考和判断。

在金融政策领域，企业融资模式在很大程度上是对融资企业与投资方之间在信息不对称的情形下关于风险、控制权与收益等因素进行谈判和妥协的一种契约安排。大量的资金需求方与资金供给方关于融资价格或成本的竞争性交易最终将决定资本市场的有效性。阮永平等人的论文从产权性质和产业政策两个视角考察定向增发再融资方式的资源配置效率。论文将公司定向增发预案审批过会情况和定向增发实施后的资金使用效率结合起来，通过定向增发公司的融资和投资两个方面分析了定向增发的资源配置效率。该研究发现产业政策帮助非国有上市公司通过定向增发缓解了融资难的问题，从这个角度看定向增发提高了市场的融资效率。不过，定向增发这一融资方式也可能会分配过多的市场资金给融资企业，造成了市场资金的浪费，从这个角度看定向增发再融资市场的资源配置效率还需进一步提高。

关于养老保险与养老服务问题，中国发展模式在社会服务与治理的整体上或许并不能令人满意，但微观层面也的确呈现出了一些独特的特征。如杨柳、郭有德的文章试图利用2015年CHARLS数据，基于劳动参与模型与劳动供给模型探讨我国城职保、城居保和新农保三种基本养老保险制度对60岁及以上老年人劳动参与率和劳动供给时间的影响。不过，相对于社会养老保险对劳动力参与的效应而言，中国不同社会养老保险制度自身保障水平的不均衡性或差异性尤其是新型农民养老保障水平比较低的问题更加值得关注和担忧。除了养老保险制度之外，随着中国人口老龄化趋势的加快，社会化的养老服务尤其是社区和居家养老服务模式的构建也越来越引起重视。李雅然、赵德余的文章结合了上海的社会资本参与社区养老的若干案例的比较对社区嵌入式养老服务的网络模式进行了探究。无论哪一种养老服务模式，服务提供者多数都是非营利组织或者说非常难以盈利，此时地方政府对养老服务组织提供房屋免租金或补贴以及国有企业参与投资兴建社区养老机构显然都是值得鼓励和倡导的，这在某种情形下也是对完全市场供给不足或市场失灵的一种矫正机制。

中国发展模式在经济领域当前正面临产业结构的优化升级，其中，一方面，需要产业结构优化升级意味着知识和技术密集型产业占比的不断提升，而另一方面，则需要促进三次产业结构中服务业占比不断上升，如旅游和健康服务业就存在较大的发展空间。张伊娜、王征宇等人的论文基于手机信令大数据的分析研究了迪士尼对上海商业旅游产业的影响。而在张祥建、彭娜、费斌杰等人的文章则从“一带一路”倡议背景下分析了中医药产业国际化的现状、机遇和发展思路。应该说，从产业结构升级趋势来看，中国发展模式与世界各发达国家所经历过的历史经验并没有显著差异。不过，如果具体地观察中国产业结构升级的路径及其动力机制，还是可以识别出一些特征性区别，如随着农业产业产值所占比重不断显著地下降(2018 年第 1 季度第一产业占 GDP 比重为 4.4%)和服务业的份额(2018 年第 1 季度第三产业占 GDP 比重为 56.5%)不断上升，尽管农村人口占总人口的比重也有所下降，但显然人口的城市化速率远远低于产业结构的升级速度，2017 年农村人口(57 661 万人)占全国总人口的比重仍然高达 41.48%。可见，中国人口的城市化进程滞后会对社会治理模式及其政策的选择产生深刻的影响。

最后，关于中国发展模式，鲁绍臣的文章从马克思主义辩证唯物主义哲学角度提出了反思和评论，认为历史唯物主义的根本内涵是考察人类历史发展与变易的规律，其主要表现为不同生产方式之间“世代性”、“包容式”的否定与扬弃的过程。作者判断包容了资本文明的以“共享”、“发展”为基准的社会主义国家治理类型，将成为最为接近共产主义的现代文明新类型。

赵德余

2019 年 5 月于复旦大学

目　录

农业风险与乡村振兴

中国台湾地区农业风险认知与管理工具需求分析

洪敏三　蔡孟翰*

［摘要］　本文主要探讨影响农民选择不同农业风险管理工具的相关因素，借由中国台湾地区14个调查县市的农会收集共计611份有效问卷数据进行分析。本文的实证结果发现，较于台湾中部地区，北部地区与东部地区之受访者采用农作物保险意愿较为明显，南部地区则否。北部地区对农产品契作的偏好显著较高。在农作物类别分析上，相较于蔬菜作物，从事特作的农民偏好农产保险与农产品契作。然而，稻米与果树的农民显著较不偏好采用农作物保险，且从事花卉与特作的农民亦不偏好采用多元化生产。农民的受教育程度愈高，愈会有意愿选择农作物保险、期货契约及契作形式。相对于50—60岁的年龄，农民相对较高（60—70岁）显著偏好契作方式，但是年龄40岁以下农民较不会选择期货契约。农场规模较大者，接受农作物保险机制与选择期货契约的意愿较高。自耕田0.25—0.5公顷（相对于1公顷）也较偏好契作。认为风险来自暴风雨者较偏好农作物保险。

* 洪敏三，高雄科技大学风险管理与保险系助理教授。蔡孟翰，高雄科技大学风险管理与保险所硕士。

[关键词] 农业风险；农作物保险；期货契约；农业契作；农业多元化

一、前　言

近年来气候变迁导致天然灾害日益严重，也因此造成农业生产的不稳定与产出量的大幅波动，而需要主管部门主动介入。政府为因应农民遭受天然灾害后之生计问题，特依据《农业发展条例》第六十条第二项规定，《农业天然灾害救助办法》(2011 年 11 月 29 日修正)。天然灾害发生后，主管机关得视农业损失严重程度，公告救助地区、农产品项目、生产设施及救助额度，以办理现金救助、补助及低利贷款。至 2017 年修正，则采农业天然灾害保险及天然灾害及救助两制度并行。

从《农业灾害救助办法》中可得知，农民在申请现金救助并非依个别损失情况予以补助，而须视该地区全体农民于天然灾害农业损失金额是否达到规定标准才可获得现金救助。换言之，现金救助补助程度不一定随农作物损失金额成固定比例幅度增加。由表 1 及图 1 可看出，从 1998 年至 2017 年(共 20 年)的资料，实际农作物的损失均大于主管部门给予的现金补助，每个年度的差额也差异很大，灾害少者如 2002 年，差额约 10 亿元新台币，灾害多的以 2016 年为例，农作物损失达 272 亿元新台币，然而现金救助却仅约 82 亿元新台币，其差额高达 190 亿新台币。

基于保障农作物生产及安定农民经济生活，为减轻主管部门发放农业天然灾害救助之财政压力，如何发展出足以取代农业救助制度或其配套措施之新政策，势必为当今农业政策中非常重要的议题。当今，世界各国采用的风险管理工具种类繁多，各文献探讨的风险管理工具也不尽相同。其中以“农作物保险”及“期货与选择权”为学者之研究主流，可见，此两种风险管理工具在使用上较为广泛。安托等人(Antón et al., 2012) 也提出灾难援助是事后对农民的补贴，其他的风险则可由农户自力因应或通过市场机制（如保险）来管理，主管部门提供补贴的保险计划也是灾害援助的工具之一。此外，考虑到农情，行之有年的“农产品契作”及较为新兴的“农业多元化”也将与前述工具一并纳入研究。

本文主要探讨农民对农作物保险、期货契约、农产品契作及农产多元化四种不同风险管理工具采用的意愿分析，本文通过实际农户的问卷资料，深入了解影响农民对于此四种不同农业风险管理工具的相关因素，借由本文的实证发现，可提供主管部门未来在发展农业风险管理机制的参考。

表 1　近二十年农作物损失金额及现金救助金额　（单位：千元新台币）

年份	农作物损失	现金救助损失	差额
1998	12 183 775	1 821 262	10 362 513
1999	5 222 606	508 611	4 713 995
2000	9 893 857	946 036	8 947 821
2001	4 709 135	760 006	3 949 129
2002	1 081 348	27 228	1 054 120
2003	3 938 728	933 223	3 005 505
2004	5 133 993	1 305 384	3 828 609
2005	18 000 771	4 652 277	13 348 494
2006	3 137 993	336 348	2 801 645
2007	10 637 125	4 082 448	6 554 677
2008	12 559 055	3 708 043	8 851 012
2009	10 893 704	4 436 149	6 457 555
2010	8 069 760	2 328 702	5 741 058
2011	3 146 149	1 381 245	1 764 904
2012	5 545 099	1 340 781	4 204 318
2013	9 481 411	1 943 407	7 538 004
2014	3 084 320	667 073	2 417 247
2015	14 432 167	4 494 901	9 937 266
2016	27 283 608	8 269 415	19 014 193
2017	3 973 372	66 214	3 907 158
平均	8 620 399	2 200 438	6 419 961

资料来源：《农委会农业统计年报》，本文研究整理。

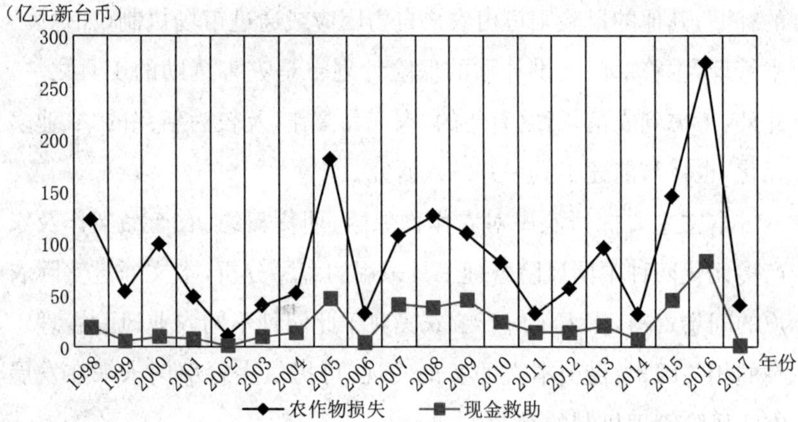

图1　农作物损失与现金救助金额比较表

二、文 献 探 讨

农作物保险(Crop Insurance)为现今最早制度化的农业风险管理工具,农作物保险最早发源于德国,其中以对农作物之冰雹灾害保险为开端。卡汉和伊斯拉姆(Khan & Islam, 2009)及帕萨里布(Pasaribu, 2010)认为,农作物保险作为一个独立运作的机制在财政上是不可行的,农作物保险运行中,需通过政府在保费及营运成本上进行补贴。即使在工业化国家,农作物保险也将如同社会福利政策来运作。另外,罗元鸿(2010)指出,政府直接和间接经营的农作物保险计划都是由政府出资建立初始资本和准备金,但出资方式和比例有所不同。由于农作物保险发展甚早,其政策及制度化的健全致使农作物保险市场于近年来迅速成长。黄育汉(2011)也提到全球有关农作物保险之保费收入自 2005 年的 80 亿美元成长到 2008 年的 185 亿美元。迪斯莫克斯等人(Dismukes et al., 2004)提出,农作物保险近年来也推出有别于传统的方案,美国作物保险方案包含传统的多重灾害农作物产量保险及最近开发的农作物收益保险。塔克和乌拉比瓦(Tack & Ubilava, 2015)认为极端气候改变了棉花的产销,进而影响到农作物保险费率。米克内(Mekonnen,

2017)调查农民对于气候灾害农作物保险所愿支付的保费,研究发现在极端气候变化下,农民较愿购买保险。

期货(Futures)契约是远期契约所衍生出的一种商品。考克斯(Cox, 1976)认为期货引入可以增加市场信息并可减少现在与过去价格的关联性。有人认为期货交易确实对现货市场信息流动有改善效果(Hasbrouck, 1995; Garbade and Silber, 1982; Poskitt, 2009)。在期货契约的发展历史方面,迪斯莫克斯等人(Dismukes et al., 2004) 研究指出,类似于美国期货交易的经验,农产品期货市场的交易历史更早于能源和金融期货的交易。俗话说"谷贱伤农、谷贵伤民",此句话明白揭示农产品价格稳定之重要性。吉哈和斯里瓦萨(Jha and Srinivasan, 1999)表示,维护农产品价格稳定是许多国家的重要政策之一,对于拥有现货的农民来说,规避价格风险乃期货契约最原始的功能,并有助于价格的发现。当然,一个好的避险工具其运作上会更加繁琐,接受度也会大幅降低,即使在工业化国家,使用期货与选择权市场的农民仍占少数(Hazell, 2012)。适度的教育或许可使农民对期货契约更感兴趣,衍生性金融商品市场为相对较新且仍缺乏了解的金融商品,因此更多的信息和培训是必要的。政府可以通过提供信息和技术咨询来鼓励农民使用期货市场(Chatterjee, 2010)。

农产品契作(Contract Farming)简称契作,在中国台湾地区已行之有年,是主管部门现金救济援助外另一项健全的风险管理工具。契作制度类似于远期契约(Forward Contract),魏福全等学者(2010)指出,于 19 世纪中期,西方已开发国家因农业的商品化及大农场的耕作方式,已为契作奠定了基础。郑怡雯(2009)认为,契作一般系指农产品生产者和从事农产品加工的企业买主间,就特定农作物在生产和销售方面所作的契约安排。罗竹平与吕雅茹(2011)指出,在生产契作模式下,新西兰奇异果公司 ZESPRI 为维持产品的质量规格,会在农药、肥料、栽种和收获等生产事项上有一定的要求和监督,帮助他们成功建立产品的标准化、差异化和经济规模。

王等人(Wang et al., 2014)对发达国家及发展中国家之契作发展做了深入探讨,并以中国大陆为例,研究发现契作对农业生产供应链提供正面贡献,并对农民福利有显著影响。卢永祥等(2014)认为契作的优点虽多,但常因双方不容易达成共识而违约,如能将伙伴关系导入契约中,将能有效解决中途违约的问题。

最后,农业多元化涵盖范围较为广泛,且少有学者专为此议题进行研究。本文以降低生产成本及农业永续发展等为前提视为风险管理的一种,并通过文献的介绍,架构出多元化生产之概念。潘昶儒与侯福分(2005)指出,采用新品种可降低生产成本,主要系由于产量及抗病虫害等特性。抗病虫害强之新品种可减少农药使用量,抗倒伏品种可提高机械工作效率,均可直接或间接降低生产成本。改变农耕方式,促进农业永续发展。如郭华仁(2002)指出,发达国家意识到近代农业对于环境的破坏,导致永续经营的危机,欧、美、日等国逐渐兴起生物农耕方式,包括自然农法、生态农村、有机农业等。以有机农业为例,陈荣五(2003)指出,日本于 1985 年组织自然农法国际研究中心,主张完全不使用化学农药及化学肥料等,而用天然有机物来培养健康之土壤以生产健康之作物,同时利用生态平衡原理来防治病虫害。此外,多元化生产也可借由配合政府政策达到其目的,如农业经营专区的推行,王玉真(2007)表示农业经营专区之运作,目的在于强化区域管理制度化,以降低生产成本,利用生产条件标准化,强化经营效益,运作集团化增加竞争优势,借以发挥整合产业辅导与农地管理之综效。

大部分学者对于农业风险管理相关议题上主要偏向保险方案与制度上的研究,却鲜少有文献探讨其他风险管理工具。本文对于学术之主要贡献在借由延伸维拉迪亚等人(Velandia et al., 2009)之研究观点,通过中国台湾地区 14 个调查县市农会共计 611 份有效问卷,希望了解台湾地区农民对于四种不同农业风险管理工具内涵与其对于农业产业影响的认知程度,并进一步利用回归分析分别探讨影响选择不同农业风险管理工具之相关因素。

三、研究资料与方法

(一) 研究对象与数据源

本文研究之调查区域是依据《农业委员会农业统计年报》(2011年)之耕地面积数据,进行排序并挑选面积超过两万公顷的县市,因受到部分数据取得之限制,新北市将不列入本研究样本,故共计14个县市进行调查,如表2所示。其中耕地面积最大的县市为台南市,其次为云林县,耕地最小的为宜兰县。

表2 调查县市及耕地面积

	县 市	耕地面积(公顷)		县 市	耕地面积(公顷)
1	台南市	94 242	8	高雄市	47 427
2	云林县	80 853	9	台东县	47 189
3	嘉义县	73 878	10	花莲县	45 392
4	屏东县	70 759	11	桃园县	36 953
5	南投县	65 502	12	苗栗县	33 444
6	彰化县	62 526	13	新竹县	28 643
7	台中市	50 919	14	宜兰县	26 557

本文研究问卷调查对象以农民为主,为确认调查对象确实具有农民资格,故以各县市所属地区农会旗下之农业产销班班长作为问卷调查对象。调查时间为2012年7月17日至7月21日实施;正式问卷于2012年8月1日至12月31日实施。本文是以邮寄问卷至各农会所属产销班辅导人员,委请辅导人员协助产销班班长进行问卷填答,并将填答完毕之问卷统一回收。

上述14个县市所属地区农会一共260家,扣除无法配合调查及农业产销班规模较小的农会,最后共计136家农会接受调查。总发放问卷共计787份;回收问卷744份,回收率94.54%,其中有效问卷共661份。各县市有效问卷统计如表3。

表 3　各县市有效问卷统计

	县　市	件数(比重)		县　市	件数(比重)
1	台南市	49(8%)	8	高雄市	50(8%)
2	云林县	83(13%)	9	台东县	43(7%)
3	嘉义县	65(11%)	10	花莲县	19(3%)
4	屏东县	15(2%)	11	桃园县	23(4%)
5	南投县	48(8%)	12	苗栗县	10(10%)
6	彰化县	95(15%)	13	新竹县	10(2%)
7	台中市	71(12%)	14	宜兰县	30(5%)

(二) 研究变数

本文研究变量之选取,主要参考维拉迪亚等人(Velandia et al.)文献中采用之变量,再依据农委会农业统计年报农家经济概况归类设定于模型中,并将应变量及自变量分开说明,如下所述。

应变数:本文主要探讨影响农民对四种不同风险管理工具采用意愿的影响因素,本文分析的风险管理工具分为农作物保险、期货契约、农产品契作及多元化生产四种,如表 4 所示。

表 4　应变量设定与说明

应变量名称	模型中设定	说　明
风险管理工具采用意愿分析		
Y_1:农作物保险 Y_2:期货契约 Y_3:农产品契作 Y_4:多元化生产	0:不愿意 1:愿意	希望了解农民对于风险管理工具的采用意愿。

自变数:本文共有 9 项自变数:区域类别、作物类别、农民年龄、农民的教育程度、自有耕地比例、农场规模、农业所得、产量价格影响及农作物生产所面临的风险,如表 5 所示。而各变量叙述性统计如表 6 所示。

表 5　自变量设定与说明

自变量名称	模型中设定	说　　明
X_1:区域类别	1:北部 2:中部 3:南部 4:东部	希望了解各区域对于探讨议题有何相关。
X_2:作物类别	1:蔬菜 2:稻米 3:花卉 4:果树 5:其他(特作)	希望了解作物类别对于探讨议题有何相关。
X_3:年龄	1：40 岁以下 2：41—50 岁 3：51—60 岁 4：61—70 岁 5：71 岁以上	希望了解年龄大小对于探讨议题有何相关。
X_4:教育程度	1:小学 2:中学 3:高中/职 4:大专/学以上	希望了解教育程度高低对于探讨议题有何相关。
X_5:自有耕地比例	1：25%以下 2：25%—50% 3：50%—75% 4：75%—100% 5：100%	希望了解自有耕地比例高低对于探讨议题有何相关。
X_6:农场规模	1：0.5 公顷以下 2：0.5—1 公顷 3：1—2 公顷 4：2—5 公顷 5：5 公顷以上	希望了解农场规模大小对于探讨议题有何相关。
X_7:农业所得	1：20 万元新台币以下 2：20—40 万元新台币 3：40 万元新台币以上	希望了解农业所得高低对于探讨议题有何相关。
X_8:影响产量价格	1:影响产量 2:影响价格 3:差不多	希望了解当农作物生产遭遇天然灾害时，对产量或价格的影响那个比较严重。
X_9:农业天然灾害	1:暴雨 2:干旱 3:台风 4:病虫害	希望了解当农作物生产时，遭遇何种天然灾害风险。

表 6　各变量叙述性统计表

	611	%	农作物保险 362	%	期货契约 286	%	农产品契作 467	%	多元化生产 483	%
	n	%	n	%	n	%	n	%	n	%
农作物保险	362	59%								
期货契约	286	47%								
农产品契作	467	76%								
多元化生产	483	79%								
北部地区	43	7%	32	9%	19	7%	38	8%	36	7%
中部地区	297	49%	173	48%	137	48%	224	48%	232	48%
南部地区	179	29%	89	25%	79	28%	131	28%	147	30%
东部地区	92	15%	68	19%	51	18%	74	16%	68	14%
蔬菜	195	32%	122	34%	83	29%	140	30%	166	34%
稻米	119	19%	64	18%	54	19%	97	21%	95	20%
花卉	58	9%	36	10%	34	12%	48	10%	39	8%
果树	201	33%	110	30%	92	32%	149	32%	157	33%
特作	38	6%	30	8%	23	8%	33	7%	26	5%
年龄 40 岁以下	71	12%	42	12%	27	9%	54	12%	55	11%
年龄 40—50 岁	147	24%	95	26%	85	30%	116	25%	119	25%
年龄 50—60 岁	203	33%	116	32%	100	35%	150	32%	160	33%
年龄 60—70 岁	127	21%	75	21%	51	18%	103	22%	102	21%
年龄 70 岁以上	64	10%	34	9%	23	8%	44	9%	47	10%
Edu 小学	128	21%	65	18%	41	14%	92	20%	101	21%
Edu 中学	163	27%	99	27%	80	28%	122	26%	131	27%
Edu 高中、职高	228	37%	139	38%	115	40%	176	38%	180	37%
Edu 大专以上	92	15%	59	16%	50	17%	77	16%	71	15%
自耕田 25%以下	74	12%	45	12%	41	14%	56	12%	55	11%
自耕田 25%—50%	109	18%	68	19%	49	17%	91	19%	90	19%
自耕田 50%—75%	103	17%	64	18%	47	16%	83	18%	81	17%
自耕田 75%—100%	117	19%	69	19%	51	18%	91	19%	93	19%
自耕田 100%	209	34%	116	32%	98	34%	146	31%	164	34%
农场规模 0.5 公顷以下	71	12%	37	10%	24	8%	51	11%	55	11%
农场规模 0.5—1 公顷	185	30%	97	27%	79	28%	134	29%	141	29%
农场规模 1—2 公顷	205	34%	130	36%	94	33%	159	34%	169	35%

（续表）

	611	%	农作物保险 362	%	期货契约 286	%	农产品契作 467	%	多元化生产 483	%
	n	%	n	%	n	%	n	%	n	%
农场规模 2—5 公顷	109	18%	72	20%	64	22%	90	19%	89	18%
农场规模 5 公顷以上	41	7%	26	7%	25	9%	33	7%	29	6%
农业所得 20 万元新台币以下	96	16%	50	14%	39	14%	64	14%	76	16%
农业所得 20—40 万元新台币	185	30%	99	27%	74	26%	139	30%	154	32%
农业所得 40 万元新台币以上	330	54%	213	59%	173	60%	264	57%	253	52%
影响产量	189	31%	120	33%	89	31%	147	31%	151	31%
影响价格	233	38%	135	37%	109	38%	181	39%	188	39%
产价无差异	189	31%	107	30%	88	31%	139	30%	144	30%
暴雨	355	58%	223	62%	177	62%	273	58%	275	57%
干旱	148	24%	91	25%	73	26%	109	23%	115	24%
台风	544	89%	324	90%	256	90%	415	89%	428	89%
病虫害	432	71%	247	68%	196	69%	334	72%	347	72%

（三）研究方法

本文以问卷设计方式个别询问农民是否有意愿使用此四种风险管理工具，因此本文以二元罗吉斯回归模型作为主要研究方法，二元罗吉斯回归模型作为个别观察每个风险管理工具采用意愿分析，其回归模型论述如下：假设 Y_i 为一个随机变数，且服从 Logistic 分配，将 LR 模式写成：

$$Y_i = \ln \frac{P(Y_i = 1 \mid x_{i1}, x_{i2}, \cdots)}{1 - P(Y_i = 1 \mid x_{i1}, x_{i2}, \cdots)} = \beta' X_i = \beta_0 + \beta_1 X_{i1} + \beta_2 X_{i2} + \cdots + \varepsilon_i \quad (1)$$

其中，Y_i 代表各项风险管理工具采用意愿，$Y_i=1$(愿意)、$Y_i=0$(不愿意)。$i=1, 2, 3, 4$，$i=1$(农作物保险)、$i=2$(农产品契作)、$i=3$

(期货契约)、$i=4$(农业多元化)。β 为各研究变数之参数系数，如表 5 所示。

上述各项变量的估计系数呈现的意义仅在于，各变量对风险工具选择意愿的正负向变动，而无法以系数来解释各变量的影响效果，所以本文另外求出各变量的边际效果(Marginal Effect)为其回归系数，来显示自变量与应变量的相关性。

四、实证结果与分析

本章将依据问卷调查所搜集之数据，利用软件 R 进行统计分析，并依受访者的基本资料加以归纳、分析、解释及探讨受访者对于风险管理工具采用意愿、生产过程遭遇风险的关联性及风险管理工具组合的相关性进行分析。

(一) 研究变量之相关系数及信度分析

1. 相关系数分析

本文采用皮尔森相关系数以分析各变量间之相关程度，结果发现解释变量间之相关系数均小于 0.7，膨胀系数(vif)都在 4 以下，所以模型并无存在共线性之问题。

2. 信度分析

本文采用 Cronbach's α 信度系数作为评估内部一致性的信度衡量标准，统计分析所得之 α 系数值愈高，代表内部一致性愈佳。卡伊福特(Cuieford, 1965)认为 Cronbach's α 大于 0.7 属于高信度，介于 0.7 至 0.35 间尚可，若低于 0.35 则表示为低信度，应予以拒绝。本文研究变量之信度分析结果，整体 α 值为 0.76，所以属于高信度范围内。

(二) 回归实证结果

本文就全台湾地区资料作分析(研究变数分为五大类：区域类

别、作物类别、农民的背景基本数据、产量与价格影响及天然灾害风险),分别探讨风险管理工具采用意愿分析。

表 7 为农民对于各项风险管理工具采用意愿关连性分析,由第(1)栏的保险意愿可看出,依区域分析,相较于中部地区,北部地区与东部地区之受访者采用“保险”意愿较为明显,南部则否。若依农作物类别分析,相较于蔬菜作物,稻米与果树的农民显著较不偏好采用“保险”意愿之风险工具;然而,从事特作的农民相较偏好“保险”风险管理机制。农民的教育程度愈高(至少高中职以上),会有意愿选择农作物保险。农场规模介在 2 至 5 公顷的农民相较于较小规模者(0.5 至 1 公顷)也会接受农作物保险机制。认为风险会影响产量者及认为主要的风险是暴风雨者,也是接受农作物保险的意愿较高。

在选择期货契约的意愿方面,表 7 第(2)栏显示,介于年龄 40 岁以下农民比年龄在 50—60 岁的人较不会有此意愿。受教育程度愈高,选择期货契约的边际效果愈强,此意谓随着受教育程度愈高,偏好期货契约的意愿愈高。相较于较小规模者(0.5 至 1 公顷),农场规模在 2 公顷以上的农民也相对较会选择期货契约。

在契作的风险管理部分,北部地区比中部地区显著会对农产品契作的偏好较高;特作(相对于蔬菜)会选择农产品契作;有趣的是,年龄相对较高(60—70 岁)比年龄介于 50—60 岁的农民显著偏好契作方式。只有大专程度以上的农民(相对于小学程度)会较偏好契作形式。自耕田 0.25—0.5 公顷(相对于 1 公顷)也较偏好契作。农业所得相对较高在 40 万元新台币以上者(相对于 20 万元新台币以下)也偏好契作方式。任为风险来自干旱者较不偏好契作。

最后,在多元化生产的偏好部分,表 7 第(4)栏可看出,只有作物类别有显著差异,即相较于蔬菜作物,从事花卉与特作的农民显著较不偏好采用多元化生产之风险工具。

表 7 各变量系数与边际效果估计

	保险意愿		期货意愿		契作意愿		多元化意愿		vif
	系数	边际效果	系数	边际效果	系数	边际效果	系数	边际效果	
常数项	−0.76		−0.95		−0.76		1.60***		
区域类别									
北部地区	0.89**	0.19**	−0.05	−0.01	0.92*	0.12*	0.35	0.05	1.25
南部地区	−0.36*	−0.09*	−0.10	−0.03	−0.11	−0.02	0.16	0.03	1.23
东部地区	0.85***	0.18***	0.40	0.10	0.24	0.04	−0.28	−0.05	1.34
(Ref:台湾部地区)									
作物类别									
稻米	−0.58**	−0.14**	−0.11	−0.03	0.49	0.08	−0.36	−0.06	1.51
花卉	−0.16	−0.04	0.47	0.12	0.38	0.06	−1.10***	−0.22***	1.33
果树	−0.43*	−0.10*	0.01	0.002	0.14	0.02	−0.44	−0.07	1.54
特作	0.97**	0.20**	0.58	0.14	1.27**	0.15**	−1.24***	−0.25***	1.32
(Ref:蔬菜)									
背景资料									
年龄 40 岁以下	0.02	0.01	−0.58*	−0.14*	−0.17	−0.03	−0.002	−0.002	1.50

（续表）

	保险意愿		期货意愿		契作意愿		多元化意愿		vif
	系数	边际效果	系数	边际效果	系数	边际效果	系数	边际效果	
年龄 40—50 岁	0.29	0.07	0.31	0.08	0.07	0.01	0.19	0.03	1.54
年龄 60—70 岁	0.30	0.07	−0.04	−0.01	0.69**	0.10**	−0.09	−0.01	1.73
年龄 70 岁以上	0.35	0.08	−0.03	−0.01	0.21	0.03	−0.36	−0.06	1.65
(Ref:年龄 50—60 岁)									
Edu 中学	0.38	0.09	0.61**	0.15**	0.11	0.02	0.26	0.04	2.25
Edu 高中、职高	0.59*	0.14*	0.75**	0.18**	0.49	0.08	−0.04	−0.01	3.11
Edu 大专以上	0.90**	0.20**	1.14***	0.27***	1.15**	0.15**	−0.04	−0.01	2.41
(Ref: Edu 小学)									
自耕田 25%以下	−0.05	−0.01	0.22	0.05	0.19	0.03	−0.17	−0.03	1.41
自耕田 20%—50%	0.22	0.05	−0.23	−0.06	0.82**	0.12**	0.30	0.04	1.37
自耕田 50%—75%	0.02	0.004	−0.31	−0.08	0.47	0.07	−0.11	−0.02	1.36
自耕田 75%—100%	−0.10	−0.02	−0.33	−0.08	0.22	0.04	−0.04	−0.01	1.38
(Ref:自耕田 100%)									
农场规模 0.5 公顷以下	0.01	0.001	−0.48	−0.12	0.06	0.01	−0.16	−0.03	1.36
农场规模 1—2 公顷	0.49**	0.12**	0.15	0.04	0.17	0.03	0.43	0.06	1.54
农场规模 2—5 公顷	0.73***	0.16***	0.73***	0.18***	0.47	0.07	0.43	0.06	1.49

（续表）

	保险意愿		期货意愿		契作意愿		多元化意愿		vif
	系数	边际效果	系数	边际效果	系数	边际效果	系数	边际效果	
农场规模 5 公顷以上	0.50	0.002	0.69*	0.17*	0.28	0.04	−0.20	−0.03	1.45
(Ref：农场规模 0.5—1 公顷)									
农业所得 20—40 万元新台币	−0.21	−0.05	−0.18	−0.04	0.32	0.05	0.28	0.04	2.26
农业所得 40 万元新台币以上	0.09	0.02	0.12	0.03	0.53*	0.09*	−0.18	−0.03	2.51
(Ref:农业所得 20 万元新台币以下)									
产量与价格影响									
影响产量	0.415*	0.10*	0.18	0.04	0.33	0.05	0.24	0.04	1.49
影响价格	0.19	0.05	0.10	0.03	0.28	0.05	0.28	0.04	1.48
(Ref:产价无差异)									
风险类别									
暴雨	0.39**	0.09**	0.30	0.08	0.15	0.03	−0.23	−0.04	1.18
干旱	−0.16	−0.04	0.02	0.004	−0.47*	−0.08*	−0.11	−0.02	1.32
台风	0.27	0.07	−0.01	−0.003	0.06	0.01	−0.29	−0.04	1.16
病虫害	−0.39*	−0.09*	−0.29	−0.07	0.15	0.03	0.29	0.05	1.12
log Lik	−378.79		−390.72		−03.28		−297.10		

注：* 表示达 10%显著水平；** 表示达 5%显著水平；*** 表示达 1%显著水平。

本文与维拉迪亚等人(Verladia er al., 2009)之实证结果比较发现,在农作物保险意愿,教育程度结果为相反结果,本文支持教育程度相对较高的农民较会偏好农作物保险意愿。在期货契约的意愿,本文与维拉迪亚等人的结果完全一致。

五、结　　论

本文主要探讨影响中国台湾地区农民对于农作物保险、期货契约、契作、及多元化生产四种主要农业风险管理工具的采用意愿的影响因素。本文采用问卷调查方式,针对台湾地区 14 个县市 136 家农会,共获取 611 笔有效问卷,利用二元罗吉斯回归模型探讨各种不同农业风险管理工具之相关变量进行分析。

研究实证结果发现,相较于中部地区,北部与东部之受访者采用“保险”意愿较为明显,南部则否。北部地区对农产品契作的偏好显著较高。在农作物类别分析上,相较于蔬菜作物,稻米与果树的农民显著较不偏好采用“保险”意愿之风险工具;从事特作的农民相较偏好“保险”风险管理机制,且特作也会选择农产品契作;然而,从事花卉与特作的农民显著较不偏好采用多元化生产之风险工具。

农民的受教育程度愈高(至少高中职以上),愈会有意愿选择农作物保险、期货契约及契作形式。年龄相对较高(60—70 岁)比年龄介于 50—60 岁的农民显著偏好契作方式,介于年龄 40 岁以下农民比年龄在 50—60 岁的人较不会选择期货契约。

相较于较小规模者(0.5 至 1 公顷),农场规模介在 2 至 5 公顷的农民会接受农作物保险机制与选择期货契约。自耕田 0.25—0.5 公顷(相对于 1 公顷)也较偏好契作。认为风险会影响产量者及认为主要的风险是暴风雨者,也是接受农作物保险的意愿较高。认为风险来自暴风雨者较偏好农作物保险,然而来自干旱者较不偏好契作。

本文的实证结果,希望可作为主管部门或有关单位的参考,风险管理工具不应只有遭遇灾害时的援助救济，而是有多方面的工具可供选择；农民在生产作物上，也非只是靠天吃饭，应需主动参与、拟定有利自身的避险措施。

参考文献

一、中文部分

陈荣五：《台湾地区有机农业产业发展现况与趋势》，中国台湾地区有机农业产业发展研讨会专刊，2003 年特刊第 57 号，第 8—17 页。

郭华仁：《农业生物多样性与农业政策》，生物多样性保育研习会，台北，2002 年 9 月。

卢永祥、吴明峰、许应哲、张雅卿：《契约农业的伙伴关系之实证研究》，《应用经济论丛》2013 年第 94 期。

罗元鸿：《农作物保险制度之分析》，《农政与农情》第 215 期，"农委会"农业全球信息网，2010 年 5 月。

罗竹平、吕雅茹：《台湾水果外销大陆的产销机制：Zespri or Sunkist?》，研讨论文系列，100-5，"中华经济研究院"，2011 年 2 月。

"农业委员会"：1998—2017《农业统计年报》。

潘昶儒、侯福分：《稻米外销日本之突破与展望》，东部稻米产销研讨会专刊，2005 年，第 137—148 页。

王玉真：《建构农业经营专区之思维与做法》，《农政与农情》2007 年第 182 期。

郑怡雯：《从"公司加农户"生产模式看国家、企业和农民的关系：以烟叶契作发展为例》，第一届发展研究年会会议论文，台北，2009 年 11 月 28 日。

二、英文部分

Antón, J., Kimura, S., Lankoski, J., and Cattaneo, A.(2012). "A Comparative Study of Risk Management in Agriculture under Climate Change", OECD Food, Agriculture and Fisheries Papers, No.58.

Chatterjee, C.S. (2010). "Risk management in agriculture: Towards market solutions in the EU", Economic and European policy issues, Deutsche Bank Research Marketing.

Cox, C.C.(1976). "Futures Trading and Market Information", *Journal of Political Economy*, Vol.84, pp.1215—1237.

Cuieford, J.P. (1965). *Fundamental Statistics in Psychology and Education*, New York: McGraw-Hill.

Dismukes, R., Bird Jr., J.L. and Linse, F. (2004). "Risk Management Tools in Europe: Crop insurance, Futures, and Options", *U.S.-EU Food and Agriculture Comparisons*, pp.28—32.

Garbade, K.D. and Silber, W.L. (1982). "Price Movements and Price Discovery in Futures and Cash Markets", *Review of Economics and Statistics*, Vol.64, pp.289—297.

Hasbrouck, J. (1995). "One Security, Many Markets: Determining the Contributions to Price Discovery", *The Journal of Finance*, Vol. 50, pp.1175—1199.

Hazell, B.R. (2012). "New developments in financial risk management tools for farmers", Foresight Project on Global Food and Farming Futures, *Science Review*: SR 22.

Jha, S. and Srinivasan, P.V. (1999). "Grain Price Stabilization in India: Evaluation of Policy Alternatives", *Agricultural Economics*, Vol.21, pp.93—108.

Khan, M. R., & Islam, M. S. (2009). "Climate Change Adaptation Research: Crop Insurance as a Risk Management Strategy in Bangladesh", *Climate Change Cell*.

Mekonnen, T. (2017). "Willingness to Pay for Agricultural Risk Insurance As a Strategy to Adapt Climate Change", Working paper series.

Pasaribu, S.M. (2010). "Developing rice farm insurance in Indonesia", *Agriculture and Agricultural Science Procedia*, Vol.1, pp.33—41.

Poskitt, R. (2009). "Price Discovery in Electronic Foreign Exchange Markets: The Sterling/Dollar Market," *The Journal of Futures Markets*. Vol.30, pp.590—606.

Tack, J.B. and Ubilava, D. (2015). "Climate agricultural risk: measuring the effect of ENSO on U.S. crop insurance", *Agricultural Economics*, Vol.46, pp.245—257.

Velandia, M., Rejesus. R.M., Knight, T.O. and Sherrick, B.J. (2009). "Factors Affecting Farmers' Utilization of Agricultural Risk Management Tools: The Case of Crop Insurance, Futures contracts, and Spreading Sales", *Journal of Agricultural and Applied Economics*, Vol.41, pp.107—123.

Wang, H., Wang, Y. and Delago, M.S. (2014). "The Transition to Modern Agriculture: Contract Farming in Developing Economies", *American Journal of Agricultural Economics*, Vol.96, pp.1257—1271.

“三农”问题的演进逻辑和乡村振兴的维度把握

——源于安吉美丽乡村建设的思考

楼　成*

[摘要]　从提出“三农”问题到实施乡村振兴战略，其间经历了多层递进和四次话语转换。“三农”问题的提出促使效率优先的发展观向更加注重公平的发展观转变；社会主义新农村建设从“多予、少取、放活”的单项思维向城乡统筹的系统思维过度；美丽乡村建设在新农村建设“四位一体+党建”的架构体系中增加了生态维度；乡村振兴战略的提出标志着党和国家农业农村的战略目标从全面小康向全面现代化的转移。其间，美丽乡村作为新农村建设的通行模式，起到了重要的承接和转换作用，并且为乡村振兴战略的实施提供了物质基础、模式借鉴和路径参考。

[关键词]　乡村振兴；三农；美丽乡村；新农村；生态文明

乡村振兴战略是党和国家在中国特色社会主义进入新时代，立足新起点、对标新三步走目标提出来的事关全局的重大决策，力图在工业化、城镇化、信息化全面推进的背景下保持农业农村的繁荣并进而实现农业农村的现代化。然而，纵观世界各国的工业化进

*　楼成，浙江省安吉县农办副主任，中共安吉县委党校副校长。

程,没有在同样的阶段、同等规模下实现乡村振兴的先例。值此之际,我们抱有最大的信心期待乡村振兴的美好愿景;同时,也有必要从历史足迹、全球视野和现实逻辑中来认真把握时代的轨迹,廓清我们的视野,看明白去路。

一、从"三农"问题到乡村振兴的演进逻辑

从"三农"问题到乡村振兴,是同一个问题在不同阶段的延伸和深化。自"三农"问题被首次提出,到2004年再次以中央一号文件把"三农"问题放到重中之重的位置,再到党的十六届五中全会启动社会主义新农村建设,再到2013年在全国范围开展美丽乡村建设,直至党的十九大提出乡村振兴战略,国家层面农业农村工作的战略层次、目标取向、工作策略、方法手段诸方面都做出了相应调整。回顾、梳理从"三农"问题到乡村振兴战略的脉络体系,有助于我们站在自觉和理性的高度来认识和把握当前正在如火如荼地开展的乡村振兴战略。

(一)"三农"问题:提出了改革开放的新命题

"三农"问题的提出和日益凸显,是在改革开放新的时代背景下农业农村问题的回归。41年前,安徽小岗村实行的包产到户,拉开了农村改革的序幕,极大程度释放了农村的生产力。到了世纪之交,时代的焦点已从要不要发展的问题转变为怎样发展的问题。怎样发展来自两对矛盾提出的两大挑战:一是怎么处理人与自然的关系,缓解经济发展和生态环境的紧张关系;二是怎样处理人与人、人与社会之间的关系问题,也就是"蛋糕"做大以后怎么公平分配的问题。围绕两大时代之问,中央和地方都做出了相应的回答,科学发展观与和谐社会相继提出:科学发展观就是要回应人与自然的关系问题,维护中华民族的永续发展;和谐社会建设尤其是"三农"问题的提出就是要回答作为农民这个社会最大群体,如何改变他们长期

在社会分配中的弱势地位，遏制呈日益扩大之势的城乡差别并最终消除城乡二元结构。

中国的工业化进程是靠从“三农”提取剩余来完成原始积累的，在很长的时间里，农村在为国家的工业化作了巨大贡献的同时也给自身的发展积累了大量的问题和困难。尽管改革开放在制度设计上放宽了对农业农村的束缚，但并未形成市场化、城市化和全球化条件下的农业农村发展的完整思路和新的制度设计，只是在原有制度框架内做出的权宜性的调整。随着20世纪80年代中后期国家改革的重心由农村转向城市，特别是进入90年代后半期，城市化、工业化对农业的冲击加剧，农业税负逐步加重，农民收入增幅不断放缓，城乡居民收入差距不断扩大，城乡矛盾、工农矛盾、干群矛盾凸显。1997年至2003年的七年时间里，城乡居民收入比由2.47扩大到3.23，粮食产量由1998年的10 246亿斤锐减到2003年的8 614亿斤，粮食安全形势日益严峻。为此，党中央着力调整城乡发展战略与引导政策，在时隔18年以后，自2004年开始的中央一号文件的主题再次回到“三农”领域，并由此锁定至今，由此开启了“多予、少取、放活”的政策进程，全面取消农业税，终结了中国延续2 600年的农业税历史。

(二)新农村建设:开启了城乡统筹的新时代

鉴于“三农”问题的历史性、长期性和复杂性，既有的政策举措不足以从根本上解决“问题”，2006年的中央一号文件以《关于推进社会主义新农村建设的若干意见》为题，聚焦“社会主义新农村建设”，旨在落实党的十六届五中全会提出的建设社会主义新农村的重大历史任务。文件明确要求加快建立以工促农、以城带乡的长效机制，全方位协调推进农村经济、政治、文化、社会和党的建设。这是“三农”问题思路在战略层面的突破，由此，城乡统筹成为解决“三农”问题的总方向和总基调。

从政策立意上说，党的十六届五中全会提出社会主义新农村建设属于大的方略，是一个长期的方向性的打算，没有城乡一体化的具体时间表。从中央历次重要文件的表述上，可以看出国家统筹城乡力度的渐次加强。在2006年中央一号文件的基础上，党的十八届三中全会提出："必须健全体制机制，形成以工促农、以城带乡、工农互惠、城乡一体的新型工农城乡关系，让广大农民平等参与现代化进程、共同分享现代化成果。"2018年中央一号文件进一步提出："坚决破除体制机制弊端，使市场在资源配置中起决定性作用，更好发挥政府作用，推动城乡要素自由流动、平等交换，推动新型工业化、信息化、城镇化、农业现代化同步发展，加快形成工农互促、城乡互补、全面融合、共同繁荣的新型工农城乡关系。"由此可见，乡村振兴战略着力点始终锁定城乡统筹，并发起了改革城乡二元结构体制的总动员。

(三) 美丽乡村:打开了新农村建设的新局面

林毅夫教授曾概括当前新农村建设的两大特点:一是从社会基础设施建设作为切入点，而非从农民组织、从教育为切入点；二是社会主义新农村是在中国现代化过程中的不可分割的一部分，而非中国现代化的一个切入点。第一句话阐明了本轮新农村建设的时代特色和建设策略;第二句话揭示了新农村建设的本质和从"三农"问题到乡村振兴一脉相承的内在逻辑。而美丽乡村建设不仅是对两句话的生动诠释，而且在将乡村振兴的理论逻辑转化为现实逻辑的过程中发挥了关键作用。

所谓美丽乡村，通俗的解释，就是社会主义新农村＋生态文明，是"三农"工作的时代化和外延化。21世纪初的浙江农村，正经历着从富起来向美起来的嬗变，初步富裕起来的农村需求从改革之初的"求温饱"向"求环保"转变，从"求生存"向"求生态"升级。顺应群众的需求，浙江从2003年开始就在全省范围开展了以"五改一化"为内容的"千村示范万村整治"工程，作为全国第一个生态县和"两山"理念的诞生地，安吉紧紧抓住这一契机，将生态文明建设与新农村建设有机结合，创造了美丽乡村建设这一全新模式，将落实生态立县战略、解决“三农”问题、促进产业升级融合为一个总抓手，促成了两座山的有效转化。新农村建设与生态文明建设在理念上一致、在工作上融合、在力量上互补、在成果上共享，两者的有机结合产生了“1＋1＞2”的效果。

美丽乡村的最大贡献，就是为解决“三农”问题、建设社会主义新农村注入了时代特点，迎合了时代需求，找到了乡村振兴的突破口。也正因为这一突破，将社会主义新农村建设从“四位一体＋党建”的模式，推进到“五位一体＋加党建”的模式，促使我们的指导思想从民生新政转向生态新政，为乡村振兴战略的实施提供个全新的理论视角和更加完善的建设体系。

美丽乡村建设的另一项重要意义，就是在农村村民之间找到了利益的最大公约数，通过生态环境整治和公共基础设施建设，为20世纪90年代以来较紧张的干群关系找到了疏泄口，让多年来日益淡漠疏离的人际关系找到了黏合剂，大家围绕不同的利益问题进行讨论、协商、决策、监督和管理，进而带动村级自治组织的发育和村庄治理的推进。很难设想，乡村治理能在没有利益支撑和切实内容的空洞组织下开展起来。正因为美丽乡村建设触碰到了当下农村居民最为普遍、最为紧要和现实的利益需求点，才为新农村建设找到了切实有效的路径模式。美丽乡村建设以需求引领的原则，采取先易后难、梯度推进的方式，呼应了新时代人民对美好生活的向往，从老百姓最关心、最迫切的需求入手，突出生态治理，进而带动公共事务管理、经济结构转型和社会系统治理的经验具有深刻的启示和普遍的借鉴意义。

(四) 乡村振兴：迈上了农业农村现代化的新征程

如果说20世纪80年代的五个中央一号文件是注重于解决农民经营自主权和温饱问题的话，2004年以来的十六个中央一号文件的主线则是统筹城乡发展，建设全面小康社会，这十六个中央一号文件一脉相承,前九个中央一号文件是贯彻党的十六大、十七大精神,以多予、少取、放活为方针,实现工业反哺农业、城市支持农村的战略转变;后七个中央一号文件是贯彻党的十八大精神,致力于以改革激活农业农村发展的内在活力,推进农业农村的现代转型,促进四化同步发展,让广大农民平等参与现代化进程、共同分享现代化成果。

新农村建设开展以来,特别是党的十八大以来,农民收入持续稳定增长,农村改革全面深化,乡村面貌深刻变化,农民生活显著改善,生态红利逐步显现,城乡发展加快融合,农业农村发展取得了历史性成就,"三农"发展站在了新的起点上。同时,人们对绿色消费的需求不断加速、对乡村优美环境的需求日益增长、对高质量教育和健康等民生需求更加迫切,与现有农业生产方式、与当前的乡村规划建设管理水平、与有限的农村公共服务水平之间的矛盾日益突出,亟须新的政策和制度供给来打通"三农"的痛点、堵点、难点。乡村振兴战略正是在这两方面的推动下应运而生。

乡村振兴战略谋划长远,贯穿建成全面小康社会和现代化目标的全过程,与以往"三农"政策相比:一是目标更接近。农业农村的现代化是中国现代化必不可少的重要组成部分,也是难度更大的一部分。实施乡村振兴战略就是要在新三步走战略中着力解决城乡发展不均衡的问题,力求在国家整体现代化的过程中农村不掉队,城乡更均衡。二是工作更聚焦。把全部的"三农"工作放到乡村振兴战略中来部署。其中的关键,就是抓住城乡关系这对根本矛盾,通过乡村振兴这个总抓手,破解一个重大的时代难题:城镇化难以逆转,如何在人口不断向城市集中的同时避免乡村空心化并完成乡村的现代化。三是空间更开放。中央一系列文件对乡村振兴战略的要求和部署内涵十分丰富,既充分吸收了"三农"工作实践和理论的最新成果,同时为下步"三农"工作留下了很大的创新空间,充分体现了开放思维和创新要求。

二、实施乡村振兴战略需要把握的三个维度

美国学者戴维斯在其所著的《布满贫民窟的星球》一书中，通过列举大量事例，反映了20世纪60年代以来全球范围日益普遍和严重的城市贫民窟现象，以清晰的图景打破了我们对于人类所谓全球化和都市化的幻想，让我们看到人类文明史中全球化与城市化过程中不容忽视的负面性。遍观世界各国，似乎乡村萧条和城市贫民窟一直伴随着工业化和城市化的进程，而且这种状况在中国也已显露端倪。这就给我们提出一个尖锐的问题：何以在工业化、城市化不可逆转的背景下，避免让乡村成为明日的故园，同时还要实现乡村的振兴？

（一）乡村振兴的时间维度

时间与空间的变化，是中国重大发展战略变化的基本条件。当前条件下，乡村振兴战略的提出，最大的时空背景就是生态文明的勃兴。与前述国家工业化时期的状况相比，我们拥有巨大的时代优势，为处于文明更替之际的中国“三农”问题的根本解决提供了根本前提和现实可能性。生态文明的“生态”，决不仅仅是指自然生态，还包括社会生态、政治生态、全球治理生态。从这个意义上说，工业文明向生态文明的转型，则是人类有史以来的一场大变革，传统的产业结构、社会结构、空间结构都将发生深刻的变化。中国在基本实现工业化的条件下，紧紧抓住这一机遇，把生态建设放到文明兴衰的高度，摆在改革发展和现代化建设的全局位置，坚定贯彻新发展理念，以前所未有的决心和力度，开创了生态文明建设的新局面。

生态文明时代的到来，让生态的价值得以凸显，人们的价值观、财富观、消费观、生活观正在悄然改变，从而创造出新的需求、新的业态。难以想象，安吉的“两山”之路离开了绿色发展的大背景和长

三角的区域优势是否还有实现的可能。与此同时,第四次技术革命的浪潮,正在超乎想象的速度和力度改变着人们的生产方式、生活方式乃至思维方式。人类社会正在发生着剧变,中国农村也不例外。在新的时空转换的背景下,开启了人们对乡村价值的再发现,乡村与城市的优劣势正在发生转换。今后的乡村,将不仅仅是农产品的提供者,还将是生态产品、文化产品、生活方式的提供者,乡村多元化发展的时代正在到来,乡村的无限活力和广阔前景长在徐徐向我们展现。但前提是,我们决不能作桃花源中的避世者,而要做时代的拥抱者,不能一厢情愿地停留在农业时代,用农业时代或工业化早期的老眼光、老观念来思考问题。在这方面,有些人提出的问题是对的,想法是好的,但药方是错的。要防止刻舟求剑和削足适履。农业农村的现代化,关键在于人的现代化。要在时代的自觉下来开展乡村振兴,只有让农民成为现代人,实现传统与现代性的有机的结合,才有可能开辟“三农”的新天地。

(二)乡村振兴的空间维度

乡村萧条的一个重要原因是农村基础设施和公共服务的严重滞后。由于长期以来的工业优先和重城轻乡的政策取向,农村公共服务投入的巨额欠账,由此而造成了农村触目惊心的脏乱差,这是宜居的问题。加上这些年来,我们高喊“四化”同步,其实农村这条腿长期瘸腿,加上农业现代化过于偏重规模化、设施化而造成的对中小农户的挤出效应,农民被动休闲的情形十分普遍,这是宜业的问题。一片既不宜居,又不宜业的土地,如何留得住人呢?正本清源,我们必须厘清两个基本问题:在乡村振兴的语境下,应如何看待并重塑城乡关系?构建新型城乡关系及振兴乡村的基础何在?

首先,重塑新型城乡关系,必须克服极化思维,抛弃二元对立思维惯性,树立城乡等值的理念。一直以来,在推行城市化的过程,我们把都市、城市作为普世文明的一个象征,似乎都市就是好的,都市文明是现代文明的必由之路。但我们从来没有思考它的出处和依据。在乡村建设运动盛行的形势下，2012年哈佛大学教授爱德华·格莱泽出版《城市的胜利》一书，鼓吹城市的效率和宜居，甚至不惜赞美城市贫民窟，这恰恰提醒人们重新思考城市与乡村的关系。事实上，早在120年前，埃比尼泽·霍华德在其《明日的田园城市》的序言中就提醒我们：“城市和乡村都各有其缺点。……这种该诅咒的社会和自然的畸形分隔再也不能继续下去了。城市和乡村必须成婚，这种愉快的结合将迸发出新的希望、新的生活、新的文明。”生态文明时代的到来，正在孕育一种全新的生态空间观，城乡格局的未来方向正在重新塑造。2018年，浙江省提出实施大花园工程，将其定义为：“现代化浙江的底色，是自然生态与人文环境的结合体、现代都市与田园乡村的融合体、历史文化与现代文明的交汇体。”一幅有中国特色、结合生态文明和传统智慧的新型城乡综合体蓝图已经展现在我们眼前。

其次，乡村振兴的优先顺序，是保障农民生存发展的基本权利，即实现基础设施和公共服务的均等化。党的十九大要求农业农村优先发展，实际上就是要把长期失衡的城乡天平扭转过来，甚至在一段时间内侧重增加农村这一端的砝码，最终破除二元结构，实现城乡一体化发展。对全国大多数农村来说，这个优先的砝码就要加在农村的基础设施建设和公共服务上，只有让农村成为生态宜居之地，才能让农民有留守的理由，才能让乡村有发展的平台和机遇，离开这一点，空谈乡村振兴种种，都无济于事。也只有这样，才能让城乡之间、不同区域的乡村之间逐步改善不平衡、不充分的状态，让中国现代化的步子走得更扎实、更稳健。毕竟，社会主义的本质是公平，以人民为中心是乡村振兴的内在要求。

（三）乡村振兴的文化维度

乡村振兴，从某种程度上讲，也包含乡村复兴，也即保持中华文化的民族性和独立性，把根留住。乡村是中华文明的摇篮，是中华文化的根脉所在。建设美丽乡村,首先是要建设中国特色的社会主义新农村,而这种中国特色的来源就是传统乡村文化的继承和发扬。习近平总书记一贯高度重视"三农"问题,高度关注决定中国乡村命运的乡村地位问题。早在2013年7月22日,习近平在湖北省鄂州市考察农村工作时就十分担忧地指出:"农村绝不能成为荒芜的农村、留守的农村、记忆中的故园。"2013年12月召开的中央城镇化工作会议上,又明确提出中国城镇化要成为"让居民望得见山、看得见水、记得住乡愁的城镇化"。针对中国城镇化中遇到的问题,针对以狭隘的经济主义思维判断乡村价值的认识,习近平以其富有诗意的"乡愁城镇化"思想,从历史与文化的高度,明确了乡村在中国城镇化中不能缺失和不可替代的地位。在2014年中央一号文件中,再度深化为"传承乡村文明"的新思想,明确提出在新农村建设中要"创新乡贤文化,弘扬善行义举,以乡情乡愁为纽带吸引和凝聚各方人士支持家乡建设,传承乡村文明"。

目前,在乡村建设中,由于缺乏对乡村生态功能多样性和文化美学价值的考虑,人们侧重于乡村产业开发与经济功能,造成生态遭受破坏、生物和景观多样性减少、乡村文化的保护缺失、文化传承出现断裂等一些亟待解决的问题。党的十九大报告在分析中国特色社会主义新时代主要矛盾的基础上提出了实现现代化的新目标,就是要在21世纪中叶,建国一百年时,把中国建设成为富强民主文明和谐美丽的现代化强国,其中的美丽既有生态美的含义,更有人文美的寄托,实际上是在物质现代化的基础上,赋予了更多审美的意蕴。乡村,作为中华民族的精神家园,在文化复兴的道路上无疑肩负着一份重大的责任,每一位乡村振兴行动的建设者、参与者、受益者,都需要更多运用文化的眼光来审视、保护、建设好我们的双重家园,自觉抵制"文化转基因"的侵蚀,将一份浓浓的"乡愁"传承给我们的子孙后代。

参考文献

陈文胜:《实施乡村振兴战略走城乡融合发展之路》,《求是》2018 年第 6 期。

吕新雨:《新乡土主义还是城市贫民窟》,《开放时代》2010 年第 4 期。

《习近平新时代中国特色社会主义思想三十讲》,学习出版社 2018 年版。

张孝德:《习近平总书记的乡村本位新论》,人民网—人民论坛,2015 年 10 月 21 日。

《中共中央 国务院关于实施乡村振兴战略的意见》,新华社,2018 年 1 月 2 日。

金融政策

定向增发资源配置效率研究

——基于产权性质和产业政策的视角

阮永平　读　人　郑　凯*

[摘要]　本文从产权性质和产业政策入手考察定向增发再融资的资源配置效率。将公司定向增发预案审批过会情况和定向增发实施后的资金使用效率结合起来，通过定向增发公司的融资和投资两个维度分析定向增发的资源配置效率。结合定向增发之前的预案审批过会情况和定向增发实施后的投资效率，一方面我们发现产业政策帮助非国有上市公司通过定向增发缓解了融资难的问题，从这个角度看定向增发提高了市场的融资效率。但另一方面，过会率较高的国有上市公司和受产业政策支持的非国有上市公司在融得资金后出现了明显得过度投资问题，说明定向增发这一融资方式分配了过多的市场资金给融资企业，造成了市场资金的浪费，从这个角度看定向增发再融资市场的资源配置效率还需进一步提高。相关监管部门应加强对定向增发融资额的把控，强制定向增发公司持续披露资金使用情况。

[关键词]　产权性质；产业政策；定向增发；资源配置效率

*　阮永平，华东理工大学商学院教授。读人，复旦大学附属华山医院财务资产管理部。郑凯，华东理工大学商学院副教授。

一、引　言

（一）研究问题的提出

我国目前尚处于社会转型时期，国有上市公司政治资源丰富，因此国有和非国有上市公司无论在公司经营决策、政府经费拨款还是金融资源获取等方面都差异显著，继而导致了产权性质不同的上市公司在投融资和政府行政管制等方面存在巨大差异。在信贷资源的获取方面，国有公司由于政府保障，相比非国有公司更容易得到长期贷款，贷款金额更高，并且贷款成本更低（Brandt and Li，2003；Allen and Qian，2005；方军雄，2007；陆正飞，2009）。而再融资市场上，同样存在不同产权性质下公司外部融资能力的差距，非国有公司股权融资更难以通过证监会审核（祝继高，2009），并且非国有公司配股行为成功率相比国有公司低得多（Su and Yang，2009）。以上一系列产权性质导致的“政治歧视”给本文研究不同产权性质背景下上市公司定向增发再融资资源配置效率的影响提供了独特视角。

国家产业政策是一种由政府制定的宏观经济调控政策，它具有一定的政治导向性，通过政策引导人才、资本流向某些产业，从而达到产业结构整合调整和优化社会资源配置的作用。现有文献表明产业政策是影响资源配置的重要因素，受产业政策支持的企业能相对容易地获得银行信贷资源（连立帅、陈超，2015；祝继高、韩非池，2015）、顺利进行股权融资及股权再融资（D. Chen and OZ Li，2013），缓解公司融资约束，提高产业内公司间的资本重置率，推动资本流向高生产增长率的公司（宋凌云、王贤彬，2013），提高资源配置效率。

2006 年 5 月 8 日《上市公司证券发行管理办法》颁布，定向增发方式渐渐成为上市公司权益再融资的首选，并且定向增发项目融资大多采用现金方式，因此定向增发的实施将增加公司自由现金流，不仅影响公司融资效率，更会促进公司投资，进而影响公司投资效率，有效缓解公司由于资金不足带来的投资不足（田昆儒，2014），但同时也可能由于信息不对称、委托代理问题等造成公司过度投资（辛清泉、林斌、王彦超，2007；章卫东，2017），导致资源错配，投资效率下降，损害股东利益（Bebchuk and Stole，1993），对市场资源配置效率带来不利影响。

公司的发展需要资金，因此公司除了银行信贷的支持，还有强烈的股权再融资需求，然而资本市场上的资金是有限的，所以如何使资金流向真正需要它的地方，并能被有效利用、产生效益，提高资本市场的资源配置效率是大家都很关心并且亟待解决的问题。

本文试图从产权性质和产业政策两个视角考察定向增发再融资方式的资源配置效率。(1)哪类产权性质的公司递交的定向增发预案被证监会审核通过的几率更大？(2)国家产业政策的支持对定向增发预案的过会有无影响？(3)定向增发实施后，那些过会率较高的公司其资金使用情况如何？投资效率有何显著特征？(4)结合定向增发预案过会率和定向增发实施后的资金使用效率，综合得看定向增发再融资的资源配置效率如何？

（二）相关文献综述

关于产权性质与融资约束的文献以国内研究为主，因为国外西方资本主义国家，公司私有制是市场的主体，因此产权性质对于公司融资的影响并不显著，此类研究较少。而我国尚处于市场转型的关键时期，国有公司仍是市场经济发展的中流砥柱，因此产权性质对融资市场的影响显著，国内对此研究较为丰富。但是现有研究并不能得出统一结论，下文对两种观点分别归纳梳理。

1. 非国有公司融资约束更高

大部分学者研究得出在我国非国有上市公司比国有上市公司的融资约束更大，甚至有学者研究认为国有上市公司并不存在融资约束的限制（钱震杰，2006）。但学者们分析两者存在融资约束差异的角度各不相同。有学者从银行尽职调查评估的公司经营风险作为切入点,他认为非国有公司相对于国有公司的经营风险更高,所以银行会要求非国有公司承担更高的贷款利率,加大它们的融资成本(马宏,2009)。也有学者从公司信息披露程度的不同解释产权性质不同公司的融资差异,他们认为国有公司相对于非国有公司信息披露程度更高,所以对非国有公司的融资约束程度较大(沈红波、寇宏,2010)。另有学者从代理问题程度的差异分析,他们认为产权性质不同的公司代理问题的严重程度不同,国有公司由于制度限制,不能通过私设下游实体公司转移资金,所以代理问题较少,代理成本较低。而非国有公司缺少法律制度的明确限制,所以管理者挪用资金现象较国有公司更多,代理问题更严重,代理成本更高,因此非国有公司的融资限制更多(万良勇,2010)。还有一些学者将国有公司与政府的良好关系作为解释融资差异的原因,他们认为国有公司由于政治关系优势,所以受到银行的关照。当出现金融危机或者银行资金不足的情况下,国有公司凭借政治优势,更受银行的偏爱,贷款机会更多。而且国有公司承担着保障社会就业,保证国家经济发展的重任,在发生资金匮乏时,政府自然会给予相应的财政支持,因此国有公司的融资约束更小(周铭山、任哲,2012)。并且,国有公司在政府的支持下,存在预算软约束,即当公司出现了赤字等财务危机时,可以寻求政府或银行的帮助与扶持,而非国有公司更多只能依靠公司内部的资金(张朝洋,2014)。

2. 国有公司融资约束更高

虽然大多数学者研究认为非国有公司的融资约束较高,但也有一些学者研究得出国有公司的融资约束高于非国有公司。唐小飞(2011)选取了房地产上市公司作为研究对象,通过对 2007 年房地产市场 112 家公司实证研究,得出结论认为尽管融资约束是房地产公司的共同问题,但是国有房地产公司的融资约束比非国有上市公司更为严重。郑江淮(2001)从国家干预的角度作为研究切入点,他认为国有持股比例不同,公司面临的融资约束程度就存在差别。并且研究得出，国有控股比例越大，国家干预程度越高，上市公司融资约束就越大，尤其是国有控股比例高达50%以上的上市公司，问题更为严重。郭建强(2007)研究得出了一种融资约束和投资不确定性的作用机制。他认为公司结构中国有持股比例越高，则公司投资对现金流的敏感性更高，而现金流的敏感程度越高，公司投资的不确定性越强，公司的融资约束也就越严重，并且这种作用机制是双向的，融资约束反过来又会加强公司投资的不确定性，因此国有持股比率越高，公司的融资约束就越严重。

二、理论分析与假设

(一) 制度背景

2006年5月8日《上市公司证券发行管理办法》颁发，对定向增发再融资提出了以下几点基本规定：(1)增发对象不能超过10名；(2)定向增发发行价格不能低于定价基准日前20个交易日公司股票均价的90%；(3)发行股份后的12个月内(认购后变成控股股东或拥有实际控制权的36个月内)不得转让；(4)募集资金用途需符合国家产业政策要求，上市公司及其高管不得有违规行为等。除此以外并没有其他具体要求，尤其是定向增发没有像其他再融资如配股等提出明确的盈利要求，即使是亏损企业也可申请发行，因此定向增发成为了再融资市场的宠儿。所以，证监会的审核批准成为了定向增发能否实施的最重要保证和门槛。

上市公司申请定向增发一般有以下几个步骤：(1)公司停牌筹划定向增发；(2)召开审议定向增发董事会，披露和修改定向增发预案；(3)召开股东大会审议定向增发预案；(4)报请证监会审核；(5)六个月内发行，向交易所申请，进行路演等。

其中，报请证监会审核的具体流程有以下几步骤：(1)证监会在收到公司提交的申请文件后5个工作日内决定是否受理申请；(2)证监会决定受理后，对申请资料进行初审，并出具反馈意见；

(3)发行审核委员会审核申请文件；(4)证监会做出核准与否的最后决定；(5)公司在获得证监会核准文件后的6个月内实施完成定向增发。

(二) 假设提出

1. 产权性质、产业政策与定向增发预案证监会审核

前文提到，由于定向增发没有盈利等限制性条件，所以有再融资需求的公司纷纷采用定向增发的方式"圈钱"，因此证监会的审核批准成为保障定向增发质量的唯一和重要屏障。那么，中国证监会的监管审核是否有效呢？在转型经济体国家，政府管制是经济发展的一大特色，政府监管部门对股权再融资实施严格的管控，通过各类监管政策的调整优化来提高市场的资源配置效率（祝继高，2011）。现有学者研究发现，相关部门的监管审查在一定程度上是有效果的，并且监管能力还在不断提升。陈和袁(Chen and Yuan, 2004)研究得出证监会能在一定范围内识别出公司的盈余管理行为，盈余操纵程度高的公司配股申请未能通过。霍(Haw, 2005)的研究也发现相比证监会未能审批通过的配股公司，审核通过公司的操纵性应计利润的盈余管理程度更低，同样也证明了证监会审核的有效性和必要性。

但是，中国证监会审核的公平性如何呢？非国有企业虽然也是我国经济发展中的重要力量，但是一直以来缺少政策的支持，无论信贷融资或是股权融资方式都很难满足非国有企业的融资需求。在信贷市场上非国有企业融资难的问题一直是学者研究的热点。学者们研究发现非国有企业相比国有企业更难获取信贷资源，贷款成本更高，贷款金额更少，贷款的期限也更短，非国有企业很难获得长期债务融资(Brandt and Li, 2003；方军雄，2007；陆正飞，2009)。

另外现有研究表明，在股权融资审核中，产权性质也是影响证监会审核公平性的重要因素。国有企业凭借天然的政治优势，无论是在信贷市场，还是在股权再融资市场，因为自身承担着保障就业

等社会功能,政府在各方面对国有企业的支持远大于非国有企业。苏和杨(Su and Yang, 2009)、祝继高(2009)的研究得出非国有企业的上市通过率和配股成功率都远远低于国有企业。国有企业改革和股票市场建立息息相关,早期股票市场主要就是服务于国有企业(祝继高,2011)。因此,我们认为定向增发作为如今再融资市场的主流,很可能也会成为政府支持国有企业的方式之一。

基于上述分析,在其他条件相同的情况下,本文提出假设1:

H1:与国有上市公司相比,非国有上市公司获批定向增发融资的概率更低。

中国作为转型经济体国家,政府的指导和干预是我国显著特征之一。为了维持经济的长久稳定增长,保障就业等宏观目标的实现,政府会通过制定产业政策对经济实施宏观调控(连立帅,2015)。产业政策对资源配置效率的影响是间接的,其作用机制为:国家通过宏观产业政策指导制定相关的信贷政策、货币政策、行政法规、就业指导、法律保障等,这一系列措施有助于缓解企业外部融资困境,降低企业外部融资的成本,从而作用于企业投资决策,影响公司的投融资效率,继而影响市场的资源配置效率。

现有学者研究认为产业政策在一定范围内影响企业的融资效率。当政府出台产业政策,向市场传递了产业具有发展潜力的信号,提高了市场对产业未来发展的预期,从信息不对称理论分析,有助于降低银行或股权投资者或监管部门信息收集的成本,改善双方信息不对称的程度,从而有助于缓解企业融资约束。同时,在产业政策的激励下,政府也会放松相关产业的行政与金融管制,企业拥有更多机会外部融资(薛瑞,2017)。陆正飞、韩非池(2013)的研究表明,产业政策会影响企业在信贷市场的受支持程度,受到产业政策支持的企业相比未能受到支持的企业有更多的信贷融资机会,面临的外部融资约束更小,从而影响了信贷市场的资金配置。陈冬华、李真(2010)研究发现,产业政策的出台对企业IPO、股权再融资以及从银行获得长期贷款都有显著的影响,产业政策帮助企业从资本市场融得资金。陈等人(Chen et al., 2013)也研究得出,国家产业政策支持影响公司融资决策,受产业政策支持行业所属公司信贷成本低,IPO等再融资机会更多。祝继高(2015)研究发现受产业政策支持的企业更容易获得信贷支持,因此那些不属于产业政策支持行业的企业更有动机去建立银企关系。通过以上分析可以得出,不论在信贷融资市场还是股权融资市场,产业政策的支持都能帮助相关企业缓解融资约束,获得企业发展所需的资金。因此我们设想,在定向增发股权再融资市场,产业政策同样能有助于放松监管部门的行政和金融管制,帮助受产业政策支持的企业融得资金。

基于以上的分析,在其他条件相同的情况下,本文提出假设2:

H2:与非国家产业政策支持的公司相比,受产业政策支持的公司获批定向增发融资的概率更高。

上文分析指出,国有企业凭借信贷、税收、司法等方面的优惠,在资源获取、市场准入等方面具有"天然优势"。而非国有企业在市场竞争中所受的"歧视"使其融资难度比国有企业大,融资额度小,融资成本高。国企和非国企在金融资源获取方面的巨大不同,使得产业政策对不同产权性质背景下的企业融资影响也存在较大的差异(车嘉丽,2017)。赵卿(2016)的研究指出非国企一直以来在融资市场受到"歧视",所以一旦受到产业政策的支持时,它们有强烈的动机积极通过各种途径争取融资资源,而非国企"尽力争取"得来的各种资源却是国企原本就拥有的"天然资源"。所以,当国家出台相关产业政策时,产业政策的激励作用使得非国有企业和国有企业拥有了相同的政策待遇,但无论国有企业是否受到产业政策支持,它们都能通过政治资源获得融资,所以产业政策对非国有企业融资的推动作用要比国有企业更为显著。因此,本文认为定向增发再融资市场中,产业政策同样对非国有企业资源获取的推动作用更大。

基于以上分析,在其他条件相同的情况下,本文提出第三个假设:

H3：与国有上市公司相比，产业政策会更大程度地提高非国有上市公司获批定向增发融资的概率。

2. 产权性质、产业政策与公司定向增发实施后过度投资

市场资源配置效率的高低可以从两方面加以考量，一方面是考察市场上有限的资金是否流向真正需要钱的公司（融资阶段），更重要的另一方面是看资金流向企业后有没有被合理利用、产生效益（投资阶段）。本文假设1至假设3研究定向增发资金流向问题，假设4至假设6则研究定向增发实施后资金的利用效率问题。

学者们研究发现，当公司自由现金流增多时，一定程度上能帮助解决公司由于现金不足引起的投资不足问题，但是由于信息不对称等问题的存在，更容易导致过度投资现象的发生，并且公司自由现金流越充裕，越容易引起公司投资过度（潘敏，金岩，2003；盛明泉，2010；俞鸿琳，2011）。

黎文靖、李耀淘（2014）研究指出，国有企业本身由于承担了一定的非市场化的政治负担，比如为了国家社会性、战略性政策而挤占了企业正常运营的资金（林毅夫，2001）。同时，当地政府也会因为地方GDP增长的需要，而施加压力影响国企的投资行为（唐雪松，2010）。所以，国企本身就存在着非效率投资的潜在倾向。再从代理理论出发，由于委托代理问题的存在，也往往会导致公司过度投资的现象。国有上市企业自由现金流相对非国有企业更充足，并且由于所有权与经营权分离，第一类代理问题尤其严重，国企普遍缺乏控股股东强有力的监督治理体系，而公司管理者出于自利动机，为了谋求自身工作业绩，盲目扩大公司投资提升薪酬水平（王雄元、何捷，2012），将公司自由现金投资于净收益为负的项目中去，造成过度投资问题，浪费有限的市场资金，影响市场的资源配置效率。

基于以上的分析，在其他条件相同的情况下，本文提出假设4：

H4：定向增发实施后，与非国有上市公司相比，国有上市公司过度投资问题更严重。

如前文所述，产业政策对公司投融资的作用是间接的，首先通过国家立法、财政、就业等政策指导影响公司外部融资环境，促进公司融资行为；继而通过融资来影响公司的投资行为。产业政策的颁布降低了受支持行业的准入门槛，相关企业更容易通过定向增发的审批，继而公司自由现金流增加，促进和加快了公司的投资行为（黎文靖、李耀淘，2014）。林毅夫（2010）指出，产业政策的颁布很可能会因为地方政府鉴别机制的不完善，导致投资的“潮涌现象”，引起市场资源的错配。在我国是发展中国家的背景下，企业为了降低经营不确定性，会受到国家号召和同行业企业的影响，积极投资于政策支持行业，刺激企业过度投资，引发“羊群效应”（张新民，2017）。同时，王克敏（2017）研究指出，产业政策支持行业的结构升级与政绩考核指标相挂钩，基于“政治锦标赛”理论分析，为了加快地区经济发展和产业结构优化升级，政府官员会给受产业政策支持企业提供更多资金支持，促进和推动相关企业的投资，容易导致企业过度投资，影响整体资源配置效率。因此我们认为受到产业政策支持的企业更容易通过定向增发的审批，并在实施定向增发后积极扩大投资，容易导致过度投资的现象，影响市场资源配置。

基于以上分析，在其他条件相同的情况下，本文提出假设 5：

H5：定向增发实施后，与非产业政策支持公司相比，受产业政策支持的公司过度投资问题更严重。

前文假设 4 分析指出，国有企业无论是否处于产业政策支持行业中，都能凭借政治背景融得投资所需的资金，其本身就存在过度投资的倾向。而非国有企业由于一直面临融资难的问题，当产业政策的支持帮助相关企业筹得资金时，对非国有企业有更强的投资激励作用。黎文靖（2014）研究得出，非国有企业由于长期存在的金融歧视问题，没有资金和机遇扩大公司规模，所以一旦产业政策的支持给他们提供了发展的机遇，非国有企业便会及时把握住这来之不易的政策扶持而扩大投资，即使这项投资在长期来看收益不高，非国有企业也会为了短期目标的实现而抓住机会实施投资，以望迅速扩大企业规模，但是却并不考虑投资效率的问题，使得投资效率低下，降低了整个市场的资源配置效率。

另外从代理问题角度分析，对于非国有企业而言，产业政策的支持提高了其定向增发的过会率，使得受产业政策支持的非国有企业在定向增发融资后获得较为充分的现金流。一方面能帮助缓解公司由于资金缺乏引起的投资不足，但另一方面由于显著的第二类代理问题，引发过度投资。在我国，非国有企业一股独大现象普遍，大股东与中小股东代理问题严重，大股东利用信息优势，为了获得私人收益，扩大投资以增加公司规模，但是投资项目净现值低甚至为负（赵玉芳，2012），造成过度投资，侵害了中小股东的利益。

基于以上分析，我们猜测受到产业政策支持的非国有公司，定向增发过会率提高，成功实施定向增发后，自由现金流增多，刺激公司投资，导致过度投资现象，投资效率低下。在其他条件相同的情况下，本文提出假设 6：

H6：定向增发实施后，受产业政策支持的非国有上市公司过度投资问题显著。

三、研 究 设 计

（一）样本选取与数据来源

本文前半部分假设 1 至假设 3 的研究以 2006—2015 年 A 股上市公司发布定向增发预案行为作为研究对象。这个时间段的选取基于两点：第一，2006 年 5 月 8 日《上市公司证券发行管理办法》颁布，对上市公司定向增发股票做了相应的基本规定，从此以后定向增发凭借其高效的特点逐渐替代配股和公开增发成为我国上市公司股权再融资的主要方式，因此以 2006 年作为样本选取的初始时间。第二，我国“五年规划”是一个常态化的长期政策，本文选取其作为产业政策的代理变量，分别选定“十一五”（2006—2010 年）及“十二五”（2011—2015 年）两个期间，因此以 2015 年作为变量选取结束时点。

本文后半部分假设 4 至假设 6 的研究以 2007—2014 年实施完

成的定向增发行为作为研究样本。时间段选取是基于定向增发实施样本完成多在2007年以后,且本文后半部分研究定向增发实施后3年(包括定向增发当年,下同)的投资效率,由于2005年之前计算投资效率样本缺失值较多,并且暂无法观测2017年以后公司各项数据,所以选取了2007—2014年这个时间段。文中在运用理查森(Richardson, 2006)模型计算投资效率时,运用2004—2016年全部沪、深A股上市公司的样本拟合模型,计算出各上市公司在各年份的投资效率,从而确定公司定向增发实施后三年的投资效率。

本文按照以下步骤对样本进行筛选:

(1) 剔除ST、*ST类定向增发的上市公司;

(2) 剔除资产负债率超过100%及净资产收益率异常的上市公司样本;

(3) 剔除财务数据不全及数据缺失的上市公司;

(4) 剔除金融类上市公司;

(5) 为减少异常值的影响,对连续变量进行1%的WINSORIZE处理。

按照上述筛选标准筛选后,最终共得到2 925个定向增发预案发布样本(验证假设1至假设3)及6 360个实施完成定向增发前后3年的投资效率样本,其中定向增发实施后过度投资样本为1 459个(验证假设4至假设6)。

本文的定向增发预案样本及定向增发实施进度样本源于Wind数据库,上市公司财务数据来源于Wind数据库及CSMAR数据库,并对定向增发进度不详或有误数据利用巨潮资讯网公告手工搜集核对。本文数据处理及分析软件为STATA和EXCEL。

(二) 变量选取

1. 被解释变量的选取

本文的研究分为两部分。前半部分主要围绕不同产权性质公司及产业政策作用下定向增发预案的过会率研究。因此假设1至假设 3 主要被解释变量为：

(1) 证监会是否通过上市公司定向增发预案(PASS)：如果公司提交的定向增发申请被证监会(含发审委)审核通过则取值为 1，否则为 0。

本文后半部分主要研究实施完成定向增发后公司的投资效率，假设 4 至假设 6 主要被解释变量为：

(2) 过度投资(OVERINVEST)，用残差度量理查森(Richardson，2006)模型拟合计算得出的残差衡量非效率投资(NONINVEST)，其中大于 0 的正残差值则为过度投资。

理查森(Richardson，2006)拟合模型所用变量包括：

① 公司第 t 年实际新增投资占总投资比($INEW_t$)，即(第 t 年购建固定资产、无形资产和其他长期资产支付的现金－第 t 年处置固定资产、无形资产和其他长期资产收回的现金)/第 t 年期初总资产。

② 公司第 t－1 年实际新增投资占总投资比($INEW_{t-1}$)，即(第 t－1 年购建固定资产、无形资产和其他长期资产支付的现金－第 t－1 年处置固定资产、无形资产和其他长期资产收回的现金)/第 t－1 年期初总资产。

③ 公司第 t－1 年托宾 Q 值($GROWTH_{t-1}$)，用以衡量公司第 t－1 年的成长能力，即(流通股股数×流通价格＋非流通股股数×每股净资产＋负债账面价值)/第 t－1 年的期末总资产。

④ 公司第 t－1 年的资产负债率(LEV_{t-1})，即第 t－1 年期末负债总额/第 t－1 年期末资产总额。

⑤ 公司第 t－1 年的现金持有水平($CASH_{t-1}$)，即第 t－1 年期末货币资金/第 t－1 年期末总资产。

⑥ 公司截至第 t－1 年的上市年限(AGE_{t-1})，即(第 t－1 年－公司上市年份)＋1。

⑦ 公司规模($SIZE_{t-1}$)，即第 t－1 年期末总资产的自然对数。

⑧ 公司股票年收益率(SR_{t-1})，即(第 t－1 年收盘价－第 t－1 年开盘价)/第 t－1 年开盘价。

⑨ 年度虚拟变量(YEAR)。

⑩ 行业虚拟变量(INDUSTRY)。

基于以上 10 个变量,计算出理查森(Richardson, 2006)模型回归拟合出的残差,并从中选出各个实施定向增发的样本公司在第 t 年的非效率投资水平(NONINVEST)。

2. 解释变量的选取

(1) 产权性质(NONSTATE):设置虚拟变量,若公司最终控制人为非国有控股,则取值为 1,否则取值为 0。

(2) 产业政策支持(IP):本文参考陈等人(Chen et al., 2013)的方法,将"五年规划"这一常态化的国家政策指导作为产业政策的代理变量。根据《中华人民共和国国民经济和社会发展第十一五规划纲要》和《中华人民共和国国民经济和社会发展第十二五规划纲要》指南,如果样本公司在定向增发预案发布当年属于"十一五"或"十二五"规划中明确指出的包含"大力发展"、"加快发展"、"促进提升"等积极推进发展字眼的行业,本文则认为受到产业政策的支持,那么 IP 相应取值为 1,否则取值为 0。

本文对行业进行分类时遵循证监会规范的行业分类标准,对于制造业采用行业门类加行业大类的二级分类,对于其他行业采用行业门类一级分类,总共分为 19 个行业门类。表 1 整理出"十一五"和"十二五"规划中受到产业政策支持的行业。

表 1 产业政策支持行业

"十一五" (2006—2010 年)	农林牧渔业(A)、采矿业(B)、纺织、服装、皮毛(C17、C18、C19)、石油、化学(C25、C26)、塑胶、塑料(C29)、电子(C39)、机械、设备(C38)、仪表(C40)、医药、生物制品(C27)、电力、煤气及水的生产和供应业(D)、交通运输、仓储业(G)、信息技术业(I)、社会服务业(P、Q、R、S)
"十二五" (2011—2015 年)	农林牧渔业(A)、纺织、服装、皮毛(C17、C18、C19)、石油、化学(C25、C26)、塑胶、塑料(C29)、电子(C39)、金属、非金属(C30、C31、C32、C33)、机械、设备(C38)、仪表(C40)、医药、生物制品(C27)、交通运输、仓储业(G)、信息技术业(I)、社会服务业(P、Q、R、S)

3. 控制变量的选取

本文前半部分研究主要围绕上市公司的产权性质、产业政策对其定向增发预案是否得到证监会批准的影响分析。本文借鉴陈和袁(Chen and Yuan，2004)过去的研究,并基于数据的可获得性,选取以下变量作为假设 1 至假设 3 模型的控制变量。

(1) 公司规模(SIZE):期末总资产的自然对数。

(2) 流动比率(CURRENT):期末流动资产/流动负债。

(3) 资产负债率(LEV):期末负债总额/资产总额。

(4) 盈利能力(ROE):用公司净资产收益率衡量,即净资产收益率=(净利润×2)/(期初股东权益+期末股东权益)。

(5) 成长能力(GROWTH):用营业收入增长率衡量,即营业收入增长率=(t 期营业收入—t—1 期营业收入)/ t—1 期营业收入。

(6) 市场地位(COMPETITION):衡量公司在行业中的竞争能力,设置虚拟变量,若公司年营业收入额超过行业年营业收入额的中位数,则取值为 1,否则取值为 0。

本文后半部分主要研究实施完成定向增发后,产权性质、产业政策对公司的投资效率影响。本文参考田昆儒、王晓亮(2014),童盼、陆正飞(2005),陈运森、谢德仁(2011),连玉君、程建(2007),章卫东、汪芸倩、刘若梦(2017),白钰、唐洋、黄申(2016)先前的研究,选取以下变量作为假设 4 至假设 6 模型的控制变量。

(1) 自由现金流(FCF):(企业经营活动产生的净现金流量—折旧、摊销费用)/期末总资产。

(2) 资产负债率(LEV):期末负债总额/资产总额。

(3) 管理层持股比率(MANAGER):公司管理层持股合计数/总股本。

(4) 公司规模(SIZE):期末总资产的自然对数。

(5) 管理费用率(ADM):期末管理费用/期末营业收入。

(6) 大股东占款(OCCUPY):期末其他应收款/期末总资产。

(7) 两职合一(DOUBLE):设置虚拟变量,若公司董事长和总经理两职合一，则取值为 1，否则取值为 0。

(8) 上市年限(AGE)：IPO 当年至第 t 年之间的年数，即：第 t 年－上市年限＋1。

(9) 年度虚拟变量(YEAR)。

(10) 行业虚拟变量(INDUSTRY)。

表 2 展示了各被解释变量、解释变量及控制变量的名称、含义、计算方式和选取依据。

表 2　被解释变量、解释变量及控制变量定义及描述

变量类别		变量名称	变量含义	计算方式	主要选取依据
被解释变量	假设 1—假设 3	PASS	过会比率	如果公司提交的定向增发申请被证监会(含发审委)审核通过则取值为 1，否则为 0。	祝继高(2011) Richardson(2006)
	假设 4—假设 6	NONINVEST	非效率投资	用残差度量 Richardson (2006)模型拟合计算得出的残差。	
		OVERINVEST	过度投资	非效率投资(NONINVEST)中大于 0 的正残差值。	
解释变量	假设 1—假设 6	NONSTATE	产权性质	虚拟变量，若公司最终控制人为非国有控股，则取值为 1，否则取值为 0。	Chen(2013) 田昆儒(2014)
		IP	产业政策	根据“十一五”和“十二五”规划，属于产业政策支持行业则取值为 1，否则取值为 0。	
控制变量	假设 1—假设 3	SIZE	公司规模	期初总资产的自然对数。	Chen and Yuan(2004)
		CURRENT	流动比率	期末流动资产/流动负债。	
		LEV	资产负债率	期末负债总额/资产总额。	

（续表）

<table>
<tr><th colspan="2">变量类别</th><th>变量名称</th><th>变量含义</th><th>计算方式</th><th>主要选取依据</th></tr>
<tr><td rowspan="12">控制变量</td><td rowspan="5">假设1—假设3</td><td>ROE</td><td>盈利能力</td><td>净资产收益率＝(净利润×2)/(期初股东权益＋期末股东权益)。</td><td rowspan="5">Chen and Yuan(2004)</td></tr>
<tr><td>GROWTH</td><td>成长能力</td><td>营业收入增长率＝(t期营业收入－t－1期营业收入)/t－1期营业收入。</td></tr>
<tr><td>COMPETITION</td><td>市场地位</td><td>虚拟变量，若公司年营业收入额超过行业年营业收入额的中位数，则取值为1，否则取值为0。</td></tr>
<tr><td>YEAR</td><td>年度</td><td>年度虚拟变量。</td></tr>
<tr><td>INDUSTRY</td><td>所属行业</td><td>行业虚拟变量。</td></tr>
<tr><td rowspan="7">假设4—假设6</td><td>FCF</td><td>自由现金流</td><td>(企业经营活动产生的净现金流量－折旧、摊销费用)/期末总资产。</td><td rowspan="7">田昆儒(2014)
童盼(2005)
陈运森(2011)
连玉君(2007)
章卫东(2017)
白钰(2016)</td></tr>
<tr><td>LEV</td><td>资产负债率</td><td>期末负债总额/资产总额。</td></tr>
<tr><td>MANAGER</td><td>管理层持股比率</td><td>公司管理层持股合计数/总股本。</td></tr>
<tr><td>SIZE</td><td>公司规模</td><td>期末总资产的自然对数。</td></tr>
<tr><td>ADM</td><td>管理费用率</td><td>期末管理费用/期末营业收入。</td></tr>
<tr><td>OCCUPY</td><td>大股东占款</td><td>期末其他应收款/期末总资产。</td></tr>
<tr><td>DOUBLE</td><td>两职合一</td><td>虚拟变量，若公司董事长和总经理两职合一，则取值为1，否则取值为0。</td></tr>
</table>

（续表）

变量类别		变量名称	变量含义	计算方式	主要选取依据
控制变量	假设4—假设6	AGE	上市年限	第t年－上市年限+1。	
		YEAR	年度	年度虚拟变量。	
		INDUSTRY	所属行业	行业虚拟变量。	

（三）模型构建

1. 假设1、假设2、假设3模型购建

本文从定向增发实施前到实施后进行连续研究，假设1至假设3考察产权性质和产业政策对证监会审核通过上市公司提交的定向增发预案的影响。

购建模型（1）、模型（2）和模型（3）分别如下所示：

模型（1）：

$$\begin{aligned} PASS_{it} = &\beta_0 + \beta_1 NONSTATE_{it} + \beta_2 SIZE_{it-1} + \beta_3 CURRENT_{it-1} \\ &+ \beta_4 LEV_{it-1} + \beta_5 ROE_{it-1} + \beta_6 GROWTH_{it-1} \\ &+ \beta_7 COMPETITION_{it-1} + \gamma \sum Industry + \mu \sum Year + \varepsilon \end{aligned}$$

模型（2）：

$$\begin{aligned} PASS_{it} = &\beta_0 + \beta_1 IP_{it} + \beta_2 SIZE_{it-1} + \beta_3 CURRENT_{it-1} + \beta_4 LEV_{it-1} \\ &+ \beta_5 ROE_{it-1} + \beta_6 GROWTH_{it-1} + \beta_7 COMPETITION_{it-1} \\ &+ \gamma \sum Industry + \mu \sum Year + \varepsilon \end{aligned}$$

模型（3）：

$$\begin{aligned} PASS_{it} = &\beta_0 + \beta_1 NONSTATE_{it} + \beta_2 IP_{it} + \beta_3 NONSTATE_{it} \\ &\times IP_{it} + \beta_4 SIZE_{it-1} + \beta_5 CURRENT_{it-1} + \beta_6 LEV_{it-1} \\ &+ \beta_7 ROE_{it-1} + \beta_8 GROWTH_{it-1} + \beta_9 COMPETITION_{it-1} \\ &+ \gamma \sum Industry + \mu \sum Year + \varepsilon \end{aligned}$$

因为被解释变量“过会比率(PASS)”为虚拟变量,因此上述模型(1)、模型(2)和模型(3)采用 Logit 回归模型分析提交证监会审批定向增发预案的上市公司其产权性质和国家产业政策如何影响定增预案的通过率。解释变量为产权性质(NONSTATE)和产业政策(IP)以及两者的交乘项(NONSTATE * IP)。

2. 理查森(Richardson, 2006)模型购建

本文假设 4 至假设 6 中用以衡量投资效率的定量指标由残差度量理查森(Richardson, 2006)模型拟合计算得出。因此首先运用 2004—2016 年全部沪、深 A 股上市公司的样本拟合如下理查森(Richardson, 2006)模型,由此计算出残差。

理查森(Richardson, 2006)模型:

$$
\begin{aligned}
INEW_{it} = & \beta_0 + \beta_1 INEW_{it-1} + \beta_2 GROWTH_{it-1} + \beta_3 LEV_{it-1} \\
& + \beta_4 CASH_{it-1} + \beta_5 AGE_{it-1} + \beta_6 SIZE_{it-1} + \beta_7 SR_{it-1} \\
& + \gamma \sum Industry + \mu \sum Year + \varepsilon
\end{aligned}
$$

理查森(Richardson, 2006)模型各变量含义及计算方式在章节前文有详细描述,在此不再赘述。该多元线性回归模型拟合得出的残差 ε 就是非效率投资(NONINVEST)的衡量指标。其中残差值大于 0 的正残差就是过度投资(OVERINVEST)指标。

3. 假设 4、假设 5、假设 6 模型构建

本文假设 4、假设 5、假设 6 进一步研究定向增发实施后公司过度投资问题,购建模型(4)、模型(5)、模型(6)分别如下所示:

模型(4):

$$
\begin{aligned}
OVERINVEST_{it} = & \beta_0 + \beta_1 NONSTATE_{it} + \beta_2 FCF_{it} + \beta_3 LEV_{it} \\
& + \beta_4 MANAGER_{it} + \beta_5 SIZE_{it} + \beta_6 ADM_{it} \\
& + \beta_7 OCCUPY_{it} + \beta_8 DOUBLE_{it} + \beta_9 AGE_{it} \\
& + \gamma \sum Industry + \mu \sum Year + \varepsilon
\end{aligned}
$$

模型(5):

$$\begin{aligned} OVERINVEST_{it} = & \beta_0 + \beta_1 IP_{it} + \beta_2 FCF_{it} + \beta_3 LEV_{it} \\ & + \beta_4 MANAGER_{it} + \beta_5 SIZE_{it} + \beta_6 ADM_{it} \\ & + \beta_7 OCCUPY_{it} + \beta_8 DOUBLE_{it} + \beta_9 AGE_{it} \\ & + \gamma \sum Industry + \mu \sum Year + \varepsilon \end{aligned}$$

模型(6):

$$\begin{aligned} OVERINVEST_{it} = & \beta_0 + \beta_1 NONSTATE_{it} + \beta_2 IP_{it} \\ & + \beta_3 NONSTATE_{it} \times IP_{it} + \beta_4 FCF_{it} + \beta_5 LEV_{it} \\ & + \beta_6 MANAGER_{it} + \beta_7 SIZE_{it} + \beta_8 ADM_{it} \\ & + \beta_8 OCCUPY_{it} + \beta_{10} DOUBLE_{it} + \beta_{11} AGE_{it} \\ & + \gamma \sum Industry + \mu \sum Year + \varepsilon \end{aligned}$$

模型(4)、模型(5)、模型(6)中被解释变量为定向增发实施后的“过度投资”(OVERINVEST),解释变量分别为“产权性质”(NONSTATE)、“产业政策”(IP)以及两者的交乘项(NONSTATE * IP)。模型为多元回归模型。

四、实证结果与分析

(一) 定向增发预案审批通过率的检验结果与分析

1. 上市公司定向增发实施进度数据

定向增发筹划发行流程大体可以归纳为:

(1)保荐人、律师、会计师进场尽职调查,编制可行性研究报告;(2)召开董事会,审核发行方案;(3)公开披露定向增发预案;(4)股东大会审议定向增发预案;(5)报证监会审核批准;(6)向交易所申请发行定向增发。

本文定向增发进度数据来源于 Wind 数据库,根据数据库提供的定向增发预案状态及各公告时间,以及手工搜集核对巨潮资讯网站披露的公告，归纳出 2006—2015 年提出的定向增发预案实施进度见表 3。

表 3　定向增发预案实施进度

年份	股东大会未通过决议	股东大会通过决议后停止实施	证监会未通过审核	证监会通过审核	定向增发实施完成	证监会通过审核后停止实施
2006	—	17	17	—	113	—
2007	7	38	15	—	113	2
2008	10	36	5	—	65	3
2009	2	41	6	—	149	1
2010	5	50	7	—	157	1
2011	7	22	3	—	119	13
2012	14	32	5	—	179	5
2013	12	46	5	—	286	3
2014	16	85	25	2	458	5
2015	35	153	17	5	606	15
合计	108	520	105	7	2 245	48
占总观测值比例	3.56%	17.14%	3.46%	0.23%	74.02%	1.58%

表 3 将定向增发预案实施进度划分为 6 类，具体为："股东大会未通过决议"是指定向增发预案未能通过股东大会审议，因此在此即停止实施，后续不会再有提交证监会审核的流程，因此这 108 个观测值不算在证监会预案审核批准与否的总样本中。"股东大会通过决议后停止实施"是指公司的定向增发预案通过了股东大会的决议后停止实施，未上报证监会审核。一般公司此环节停止实施有多种原因。参考苏和杨（Su and Yang，2009）和祝继高（2011）的观点，有着强烈定向增发再融资动机的上市公司一般并不会在通过股东大会决议后主动放弃定向增发的申请，因此更有可能的原因在于公司迫于证监会或是外部资本市场的压力等被迫放弃向证监会提

起申请,或者是从某些渠道得知预案通过证监会审核的可能性较小,故不再申请证监会审核。因此本文将这520个观测值归于证监会未审核批准的样本中。“证监会未通过审核”是指发审委或证监会未通过定向增发预案申请。“证监会通过审核”是指证监会已审核通过定向增发预案申请,但公司还未完成实施发行。“定向增发实施完成”是指公司定向增发已经实施完毕,因此必然定向增发预案已通过证监会审核批准。“证监会通过审核后停止实施”是指公司定增预案已通过审核,但公司却停止继续实施。通过查询巨潮资讯网披露的公司公告,证监会通过审核后停止实施一般由于公司自身原因,如战略发展方向变化,管理层变更等,因此这48个观测值仍归于证监会审核批准的样本中。

表4对后5类样本共2 925个观测值归纳如下:

表4　证监会审核批准定向增发预案

Panel A:产权性质划分						
年份	申请证监会审核样本		证监会批准通过样本			
	国　有	非国有	国　有		非国有	
	样本数(1)	样本数(2)	样本数(3)	样本比例(4)=(3)/(1)	样本数(5)	样本比例(6)=(5)/(2)
2006	95	52	74	77.89%	39	75.00%
2007	107	61	71	66.36%	44	72.13%
2008	63	46	48	76.19%	20	43.48%
2009	115	82	92	80.00%	58	70.73%
2010	110	105	85	77.27%	73	69.52%
2011	75	82	65	86.67%	66	80.49%
2012	123	98	110	89.43%	74	75.51%
2013	141	199	130	92.20%	159	79.90%
2014	163	412	142	87.12%	323	78.40%
2015	204	592	168	82.35%	458	77.36%
合计	1 196	1 729	985	82.36%	1 314	76.00%

（续表）

Panel B:产业政策划分						
年份	申请证监会审核样本		证监会批准通过样本			
	产业政策支持	产业政策不支持	产业政策支持		产业政策不支持	
	样本数(1)	样本数(2)	样本数(3)	样本比例(4)=(3)/(1)	样本数(5)	样本比例(6)=(5)/(2)
2006	73	74	55	75.34%	58	78.38%
2007	90	78	58	64.44%	57	73.08%
2008	60	49	39	65.00%	29	59.18%
2009	130	67	113	86.92%	37	55.22%
2010	136	79	112	82.35%	46	58.23%
2011	119	38	99	83.19%	32	84.21%
2012	168	53	140	83.33%	44	83.02%
2013	252	88	219	86.90%	70	79.55%
2014	439	136	354	80.64%	111	81.62%
2015	618	178	499	80.74%	127	71.35%
合计	2 085	840	1 688	80.96%	611	72.74%

由表 4 可知，A 股上市公司 2006—2015 年期间提交证监会审核的定向增发预案样本为 2 925 个，被证监会批准通过的样本有 2 299 个。按照产权性质分类，可以看出除了 2007 年，各年份国有上市公司的定增预案过会率都明显高于非国有上市公司，从 10 年合计数看非国有上市公司定增预案过会率只有 76.00%，而国有上市公司定增预案过会率却高达 82.36%。按照产业政策支持与否分类，从合计数可以看出：属于产业政策支持行业的上市公司定向增发过会率(80.96%)明显高于那些不属于产业政策支持行业的定增公司(72.74%)。

图 1 和图 2 能更清晰地看出产权性质和国家产业政策的支持对定向增发预案通过率的影响。从图 1 中可以发现，除了 2007 年以外，国有上市公司的定增预案过会率均高于非国有上市公司。而

图 2 中显示,虽然个别年份产业政策支持行业的定增预案过会率不及非产业政策支持行业,但是总体合计数看,产业政策支持行业的定增预案过会率更高。这些发现也为假设 1 和假设 2 的验证提供了依据。

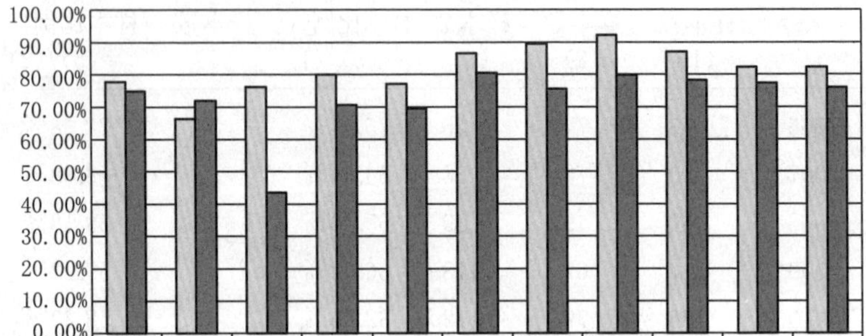

	2006年	2007年	2008年	2009年	2010年	2011年	2012年	2013年	2014年	2015年	合计
国有	77.89%	66.36%	76.19%	80.00%	77.27%	86.67%	89.43%	92.20%	87.12%	82.35%	82.36%
非国有	75.00%	72.13%	43.48%	70.73%	69.52%	80.49%	75.51%	79.90%	78.40%	77.36%	76.00%

图 1　2006—2015 年定增预案过会率(按照产权性质划分)

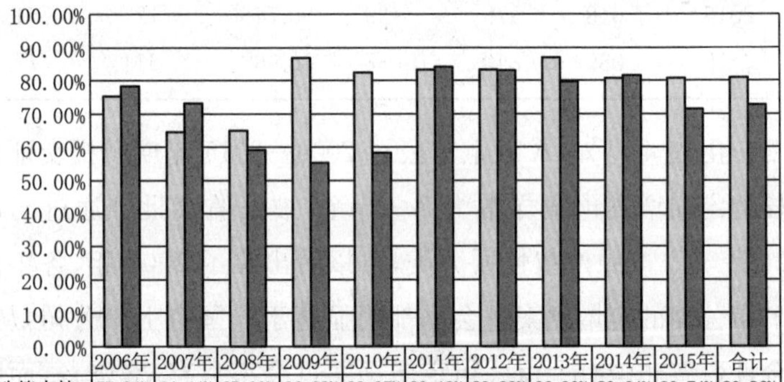

	2006年	2007年	2008年	2009年	2010年	2011年	2012年	2013年	2014年	2015年	合计
产业政策支持	75.34%	64.44%	65.00%	86.92%	82.35%	83.19%	83.33%	86.90%	80.64%	80.74%	80.96%
产业政策不支持	78.38%	73.08%	59.18%	55.22%	58.23%	84.21%	83.02%	79.55%	81.62%	71.35%	72.74%

图 2　2006—2015 年定增预案过会率(按照产业政策划分)

2. 描述性统计分析

表 5 对模型(1)至模型(3)中各研究变量进行了描述性统计分析。

表 5 模型(1)至模型(3)主要变量数据描述性统计

变 量	样本量	均 值	中位数	标准差	最小值	最大值
PASS	2 925	0.790	1	0.410	0	1
NONSTATE	2 925	0.590	1	0.490	0	1
IP	2 925	0.710	1	0.450	0	1
SIZE	2 925	19.68	19.56	0.910	18.01	22.86
CURRENT	2 925	1.810	1.390	1.510	0.240	9.57
LEV	2 925	0.49	0.49	0.20	0.08	0.90
ROE	2 925	0.09	0.08	0.12	−0.44	0.44
GROWTH	2 925	0.23	0.16	0.42	−0.56	2.28
COMPETITION	2 925	0.240	0	0.430	0	1

从表 5 可以看出，定向增发预案的证监会审批通过率(PASS)均值为 79%。产权性质(NONSTATE)均值为 0.59，中位数为 1，说明半数以上申请定向增发的公司为非国有上市公司。因为非国有上市公司相较于国有上市公司而言融资约束较大，由于信贷市场的“歧视”使得非国有公司更多的想要通过定向增发再融资方式融得企业发展所需资金。产业政策(IP)均值为 0.71，中位数为 1，说明定向增发公司 71%左右属于受产业政策支持行业的公司。

控制变量的描述性统计我们只能大体得出均值、中位数、最小值、最大值的数值，却难以对这些数值赋予直观的意义。由于流动比率(CURRENT)、资产负债率(LEV)、盈利能力(ROE)、成长能力(GROWTH)这几个连续变量虽然进行了 1%的缩尾处理，但是没有进行对数化处理，且样本时间跨度(10 年)较长，所以样本标准差较大，也因此说明了样本总体差异较大，体现样本间的异质性。市场地位(COMPETITION)均值为 0.24，中位数为 0，说明定向增发样本中只有 24%的公司其营业收入处于行业中等水平以上，说明大部分定向增发样本公司市场地位较低，市场竞争能力较弱。定向增发可能是他们受制于银行融资限制另辟蹊径的做法，也可能是公司为了追求行业地位而增加项目投资，迎头赶上提高自身市场竞争力而付出的努力。

3. 相关性分析

表 6 列示了模型(1)、模型(2)、模型(3)中各主要变量之间的

Pearson 相关系数矩阵,初步检验各变量间的相关性。为避免文章过于冗长,在此只列示了主要变量的相关系数,省略了其他控制变量的相关系数。

表 6　模型(1)至模型(3)主要变量相关系数矩阵

	PASS	NONSTATE	IP
PASS	1		
NONSTATE	−0.076***	1	
IP	0.091***	0.115***	1

注:***、**、* 分别代表在 1%、5%、10%水平上显著。

从表 6 中的 Pearson 相关系数矩阵可以观察到,定向增发预案过会比率(PASS)和产权性质(NONSTATE)在 1%的显著性水平上负相关,即国有上市公司的定增过会率显著高于非国有上市公司。定向增发预案过会比率(PASS)和产业政策(IP)在 1%的显著性水平上正相关,即定向增发公司若属于国家产业政策支持行业,则定向增发预案过会率更高。

另外,从表 6 可以看到各变量间相关系数都较小,说明变量间存在多重共线性的可能性比较小,后文稳健性检验部分将用方差膨胀因子进一步检验模型是否存在多重共线性问题。

总体而言,Pearson 相关系数检验为本文后续的研究提供初步判断思路和方向,但为了进一步排除其他因素的干扰,后文会严谨地回归分析各变量间的关系。

4. 单因素方差分析

(1) 公司产权性质对定向增发预案过会率影响的单因素方差分析。

表 7 将申请定向增发预案审批的公司按照产权性质(NONSTATE)分组,设置虚拟变量,非国有上市公司则 NONSTATE 取值为 1,国有上市公司则 NONSTATE 取值为 0。表 7 采用单因素方差分析的方法比较产权性质不同的两组定向增发预案审批过会比率是否存在显著差异,结果如表 7 所示。

表 7　基于定向增发预案审批过会率的单因素方差分析(按照产权性质分组)

产权性质	样本量	均值	方差分析	Sum of Squares	df	Mean Squares	F 值
国有上市公司	1 196	0.823 6	组间	2.859 8	1	2.859 8	17.09***
非国有上市公司	1 729	0.760 0	组内	489.165 5	2 923	0.167 4	
合　计	2 925	0.796 0	总数	492.025 3	2 924	0.168 3	

从上表 7 可知,产权性质(NONSTATE)是影响定向增发预案过会情况的重要因素,国有上市公司组的过会率均值(0.823 6)显著高于非国有上市公司组(0.760 0),两组均值在 1%的显著性水平上存在差异。这也为下文假设 1 的验证提供了启发和依据。

(2) 产业政策支持对定向增发预案过会率影响的单因素方差分析。

表 8 将申请定向增发预案审批的公司按照产业政策支持与否(IP)分组,设置虚拟变量,受到产业政策支持则 IP 取值为 1,不受产业政策支持则 IP 取值为 0。表 8 采用单因素方差分析的方法比较受产业政策支持与否的两组定向增发预案审批过会比率均值是否存在显著差异,结果如表 8 所示。

表 8　基于定向增发预案审批过会率的单因素方差分析(按照产业政策分组)

产业政策	样本量	均值	方差分析	Sum of Squares	df	Mean Squares	F 值
不受支持	840	0.727 4	组间	4.046 9	1	4.046 9	24.24***
受支持	2 085	0.809 6	组内	487.978 4	2 923	0.166 9	
合　计	2 925	0.786 0	总数	492.025 3	2 924	0.168 3	

从表 8 可知,产业政策支持与否(IP)是影响定向增发预案过会情况的另一重要因素,受产业政策支持组的过会率均值(0.809 6)显著高于不受产业政策支持的公司组(0.727 4),两组均值在 1%的显著性水平上存在差异。这一结果为下文假设 2 的验证提供了启发。

5. 多元逻辑回归分析

本文假设 1 至假设 3 的被解释变量“定向增发预案过会比率”(PASS)为虚拟变量,因此模型(1)至模型(3)采用逻辑回归验证产权性质(NONSTATE)、产业政策(IP)及其交乘项(NONSTATE * IP)与过会比率(PASS)之间的关系。回归模型中对相关公司特征指标进行了控制,并加入年度以及行业控制变量。模型(1)至模型(3)的回归结果见表 9。

表 9　模型(1)至模型(3)的多元逻辑回归结果

因变量:PASS	模型(1)	模型(2)	模型(3)
CONSTANT	0.404 (0.33)	−1.328 (−1.09)	−0.304 (−0.25)
NONSTATE	−0.399*** (−3.98)	—	−0.722*** (−4.38)
IP	—	0.493*** (4.93)	0.261 (1.62)
NONSTATE * IP	—	—	0.444** (2.18)
SIZE	0.085 (1.37)	0.133** (2.15)	0.103* (1.65)
CURRENT	−0.090** (−2.33)	−0.080** (−2.04)	−0.076* (−1.95)
LEV	−1.393*** (−4.30)	−1.015*** (−3.12)	−1.104*** (−3.37)
ROE	2.955*** (7.62)	3.083*** (7.90)	3.044*** (7.79)
GROWTH	0.210* (1.77)	0.194* (1.65)	0.221* (1.87)
COMPETITION	0.260* (1.91)	0.273** (2.02)	0.241* (1.76)
年份	控制	控制	控制
行业	控制	控制	控制
样本量	2 925	2 925	2 925
R^2	0.040 9	0.043 4	0.051 5
卡方	124.35***	131.97***	156.31***

注:***、**、* 分别代表在 1%、5%、10%水平上显著。

从表9中可以看出，模型(1)的回归结果显示，产权性质(NONSTATE)与定向增发预案过会比率(PASS)在1%的显著性水平上成负相关关系；模型(2)的回归结果显示，产业政策(IP)与定向增发预案过会比率(PASS)在1%的显著性水平上成正相关关系。也就是说当定向增发公司为国有上市公司时，定向增发预案的过会率更高，这一回归结果验证了假设1的猜想，即产权性质是影响过会率的重要因素，相比于非国有上市公司，国有上市公司的定向增发过会率更高。非国有上市公司不但在信贷市场融资约束更大，其获得定向增发融资的难度也显著高于国有上市公司，这说明公司的产权性质很可能对资源配置效率有一定的影响。同时，定向增发公司属于国家产业政策支持行业时，定向增发预案的过会率更高，这一实证结果也验证了前文假设2的猜想，受到产业政策支持的上市公司，再融资机会更多，融资渠道更广泛。

再看控制变量对定向增发预案过会率的影响。可以发现，公司流动比率(CURRENT)、资产负债率(LEV)与定向增发预案过会率成显著负相关关系，即公司的流动比率越高，资产负债率越高，其定向增发预案过会率越低。公司盈利能力(ROE)、成长能力(GROWTH)及市场地位(COMPETITION)与定向增发预案过会率成显著正相关关系，即公司的盈利能力越强，成长能力越高，市场地位越靠前，则定向增发预案的过会率越高。

模型(3)在模型(1)与模型(2)的基础上，加入了产权性质(NONSTATE)和产业政策(IP)的交乘项变量(NONSTATE * IP)。我们发现，产权性质变量仍在1%的显著性水平上与定增预案通过率成负相关关系。但是产业政策变量变得不显著，而新加入的产权性质和产业政策的交乘项与定向增发过会率的关系在5%的显著性水平上成正相关关系，说明虽然从整体上看产业政策(IP)对定向增发预案过会率(PASS)的影响是显著的，但是进一步研究表明，产业政策只对非国有上市公司的定增预案过会率有显著的正向作用，对国有上市公司却没有显著影响。这一研究结论恰恰验证了假设3的猜想,当国家出台相关产业政策时,产业政策的激励作用使得非国有企业和国有企业拥有了相同的政策待遇,但无论国有企业是否受到产业政策支持,它们都能通过政治资源融得资金,所以产业政策对公司融资的激励作用主要体现于非国有上市公司的融资。

(二) 定向增发实施前后投资效率计算及初步分析

1. 理查森(Richardson, 2006)模型回归拟合

前文假设1至假设3研究了产权性质和产业政策对定向增发预案过会率的影响,即研究资金的获取情况(融资阶段)。进一步的,下文假设4至假设6将研究定向增发实施后公司的资金使用情况(投资阶段),具体研究产权性质和产业政策对定向增发实施后公司投资效率的影响。

本文借鉴在国内外普遍使用的残差度量理查森(Richardson, 2006)模型从数量上考察公司的投资效率。本文运用2004—2016年全部沪、深A股上市公司样本,按照理查森(Richardson, 2006)模型拟合回归,模型拟合显著后计算出残差,并从中选出定向增发公司在定向增发实施前后3年的残差值,即非效率投资指标(NON-INVEST),也就是实际投资与预期投资的差值。当残差值小于0则表示投资不足,当残差大于0则表示投资过度(OVERINVEST)。理查森(Richardson, 2006)模型回归结果如下表10所示。

从表10可以看出,模型整体显著性很好,所有变量都在1%的水平上显著,模型拟合度高。对公司当年新增投资水平($INEW_t$)影响最大的是前一年的新增投资水平($INEW_{t-1}$),两者呈显著正相关关系。另外公司前一年的成长能力($GROWTH_{t-1}$)、前一年的现金持有水平($CASH_{t-1}$)、前一年的公司规模($SIZE_{t-1}$)及前一年的股票年收益率(SR_{t-1})都与公司当年的新增投资水平($INEW_t$)呈显著正相关关系。而公司前一年的资产负债率水平(LEV_{t-1})及截至前一年的上市年限(AGE_{t-1})与公司当年的新增投资水平($INEW_t$)呈

显著负相关关系。

接着计算模型的残差，并从中筛选出定向增发公司前后三年的残差值，即为定向增发公司在定增实施前后三年的非效率投资指标(NONINVEST)，其中大于 0 的正残差值，即为过度投资指标(OVERINVEST)。我们按照上文中的标准剔除了一部分不符合要求的公司样本，最终得到 6 360 个定向增发实施前后的非效率投资指标(NONINVEST)以及 1 459 个定向增发实施后的过度投资样本(OVERINVEST)，为下文假设 4 至假设 6 的研究奠定基础。

表 10　理查森(Richardson, 2006)模型多元线性回归结果

因变量：$INEW_t$	Richardson(2006)模型
CONSTANT	0.014 7 (1.63)
$INEW_{t-1}$	0.445 7*** (88.78)
$GROWTH_{t-1}$	0.001 0*** (3.35)
LEV_{t-1}	−0.000 2*** (−6.56)
$CASH_{t-1}$	0.009 4*** (2.98)
AGE_{t-1}	−0.000 7*** (−8.79)
$SIZE_{t-1}$	0.001 6*** (3.89)
SR_{t-1}	0.000 1*** (8.92)
年份	控制
行业	控制
样本量	23 749
R^2	0.347 4
adj. R^2	0.346 4
F 值	350.70***

注：***、**、*分别代表在 1%、5%、10%水平上显著。

2. 定向增发实施前后投资效率初步分析

前文用理查森（Richardson，2006）模型计算出定向增发实施前后三年的非效率投资指标（NONINVEST），在对假设4至假设6进行实证分析之前，先大体上纵向对比分析一下定向增发实施前后公司投资效率的变化。

表11展示了定向增发公司实施定增前后3年投资效率的对比。

表11　定向增发实施前后投资效率对比

	样本量	均值	中位数	标准差	最小值	最大值	投资过度数
定增实施前	3 180	0.008	−0.009	0.067	−0.227	0.358	1 312
定增实施后	3 180	0.014	−0.004	0.073	−0.239	0.383	1 459

从表11中可以看出，公司定向增发实施前3年投资效率的均值为0.008，中位数为−0.009，而定向增发实施后3年公司投资效率均值为0.014，中位数为−0.004，对比实施定增前后的投资效率，不论是均值还是中位数都显著增加。另外可以看到定向增发的实施使得过度投资样本数从1 312增加到1 459。这说明定向增发的实施一方面缓解了样本公司投资不足的问题，但另一方面更是加剧了样本公司投资过度的问题。

下面采用单因素方差分析的方法比较定向增发实施前后投资效率均值变化，结果如表12所示。

表12　基于定向增发实施前后投资效率的单因素方差分析

定向增发实施	样本量	均值	方差分析	Sum of Squares	df	Mean Squares	F值
前	3 180	0.007 6	组间	0.069 3	1	0.069 3	14.00***
后	3 180	0.014 2	组内	31.473 1	6 358	0.005 0	
合　计	6 360	0.010 9	总数	31.542 4	6 359	0.005 0	

从表12可以看出，定向增发实施前3年非效率投资均值为0.007 6，而定向增发实施后3年的非效率投资均值上升到0.014 2。

通过单因素方差分析可以得出，定向增发实施后 3 年样本公司的投资效率均值(0.014 2)明显高于定向增发实施前 3 年样本公司的投资效率均值(0.007 6)，均值差异在 1%的显著性水平上成立。因此，下文将对定向增发实施后公司过度投资问题进一步实证分析。

(三) 定向增发实施后过度投资问题的检验结果与分析

前文通过单因素方差分析初步验证公司定向增发的实施加剧了公司过度投资的问题。下文将进一步研究公司产权性质和国家产业政策的支持是否对定向增发实施后的投资效率产生影响。

1. 描述性统计分析

我们从计算出的定向增发公司非效率投资指标(NONINVEST)中筛选出大于 0 的非效率投资值，即过度投资值(OVERINVEST)指标，最终得到 1 459 个定向增发实施后的过度投资样本。

表 13 对模型(4)至模型(6)中各变量进行描述性统计分析结果如下：

表 13　模型 4 至模型 6 主要变量数据描述性统计

变　量	样本量	均值	中位数	标准差	最小值	最大值
OVERINVEST	1 459	0.070	0.040	0.070	0	0.380
NONSTATE	1 459	0.410	0	0.490	0	1
IP	1 459	0.690	1	0.460	0	1
FCF	1 459	0.020	0.020	0.060	−0.180	0.200
LEV	1 459	0.51	0.51	0.18	0.10	0.87
MANAGER	1 459	0.050	0	0.110	0	0.520
SIZE	1 459	22.59	22.41	1.170	20.4	26.13
ADM	1 459	0.080	0.070	0.060	0.010	0.310
OCCUPY	1 459	0.020	0.010	0.020	0	0.120
DOUBLE	1 459	0.190	0	0.390	0	1
AGE	1 459	11.89	12	4.780	4	22

从表 13 可以看出，定向增发实施后过度投资样本数为 1 459，过度投资(OVERINVEST)均值为 0.07，中位数 0.04，说明定向增

发实施后上市公司普遍存在过度投资现象。公司产权性质(NONSTATE)均值为0.41,中位数为0,说明大部分定向增发实施后的过度投资样本公司为国有上市公司。产业政策(IP)均值为0.69,中位数为1,说明超过半数的定向增发实施后的过度投资样本公司属于受国家产业政策支持的行业。控制变量中,自由现金流量(FCF)的均值和中位数均为0.02,说明自由现金流较为充分的公司更有可能过度投资。资产负债率(LEV)的均值为0.51,中位数为0.51,样本公司的资产负债率基本控制在合理范围内。管理层持股比例(MANAGER)均值为0.050,中位数为0,说明样本公司中管理层持股现象较少,大部分公司的管理层持股很少,并存在着管理层持股为0的公司。管理费用率(ADM)考察第一类代理成本,均值为0.08,中位数为0.07,最小值为0.01,最大值为0.31,可见大部分样本公司的管理费用率都较低,但也存在部分样本公司的管理费用率较高,第一类代理成本较高,样本间差异较大。大股东占款(OCCUPY)体现了大股东利用其控制权通过其他应收款占有公司募集资金,侵占中小股东利益的情况,均值为0.02,中位数为0.01,最小值为0,最大值为0.12,可见大多数样本公司的大股东占款情况较少,但也有个别公司,大股东占款比率高达12%,说明公司的第二类代理问题严重,样本公司间差异较大。两职合一(DOUBLE)均值为0.19,中位数为0,这说明大部分样本公司董事长和总经理两职分离,公司治理较成熟。上市年限(AGE)的均值为11.89,中位数为12,说明定向增发公司的上市年限普遍比较长。

2. 相关性分析

表14列示了模型(4)至模型(6)中主要变量之间的Pearson相关系数矩阵,初步检验各变量间的相关性。为了节省文章篇幅,表14只是展示了模型主要变量的相关系数,略去了控制变量的相关系数。

表 14　模型(4)至模型(6)主要变量相关系数矩阵

	OVERINVEST	NONSTATE	IP
OVERINVEST	1		
NONSTATE	−0.075***	1	
IP	−0.002 0	0.101***	1

注：***、**、*分别代表在1%、5%、10%水平上显著。

从表 14 可以看出，公司产权性质（NONSTATE）与定向增发实施后公司过度投资（OVERINVEST）存在显著负相关关系。这说明在不考虑其他因素影响的情况下，实施定向增发后国有上市公司的过度投资问题比非国有上市公司更严重。产业政策的支持（IP）与公司过度投资成负相关关系，但相关系数并不显著。因为相关性分析存在一些外在干扰，所以在此只是提供了一定的后续研究的思路和判断，后文会用多元回归分析进一步严谨地验证各变量间的关系。

此外，从表 14 可以看出，变量间的相关系数数值较小，不太可能出现多重共线性问题，后文稳健性检验部分也将通过方差膨胀因子检测，进一步验证是否存在多重共线性问题。

3. 单因素方差分析

(1) 公司产权性质对定向增发实施后过度投资影响的单因素方差分析。

表 15 将定向增发实施后过度投资样本按照产权性质（NONSTATE）分组，设置虚拟变量，非国有公司则 NONSTATE 取值为 1，国有公司则 NONSTATE 取值为 0。表 15 采用单因素方差分析的方法比较产权性质不同的两组公司定向增发实施后过度投资均值是否存在显著差异，结果如表 15 所示。

从表 15 可知，产权性质（NONSTATE）是影响定向增发实施后过度投资的重要因素，国有上市公司组的过度投资均值（0.070 5）显著高于非国有上市公司组（0.059 2），两组均值在 1%的显著性水

表 15 基于定向增发实施后过度投资的单因素方差分析(按照产权性质分组)

产权性质	样本量	均值	方差分析	Sum of Squares	df	Mean Squares	F 值
国 有	854	0.070 5	组间	0.045 3	1	0.045 3	8.15***
非国有	605	0.059 2	组内	8.104 9	1 457	0.005 6	
合 计	1 459	0.065 8	总数	8.150 3	1 458	0.005 6	

平上存在差异。这也为下文假设 4 的验证提供了启发和依据。

(2) 产业政策支持对定向增发实施后过度投资影响的单因素方差分析。

表 16 将定向增发实施后过度投资样本按照产业政策支持与否(IP)分组,设置虚拟变量,受到产业政策支持则 IP 取值为 1,不受产业政策支持则 IP 取值为 0。表 16 采用单因素方差分析的方法比较受产业政策支持与否的两组公司样本定向增发实施后过度投资均值是否存在显著差异,结果如表 16 所示。

表 16 基于定向增发实施后过度投资的单因素方差分析(按照产业政策分组)

产业政策	样本量	均值	方差分析	Sum of Squares	df	Mean Squares	F 值
不受支持	452	0.066 1	组间	0.000 1	1	0.000 1	0.01
受支持	1 007	0.065 6	组内	8.150 2	1 457	0.005 6	
合 计	1 459	0.065 8	总数	8.150 3	1 458	0.005 6	

从表 16 可知,产业政策支持与否(IP)并不是影响定向增发实施后过度投资的因素。受产业政策支持组定增实施后的过度投资均值(0.065 6)与不受产业政策支持组的过度投资均值(0.066 1)不存在显著差异。这一结果为下文假设 5 的验证提供了启发。

4. 多元线性回归分析

表 17 对样本公司定向增发实施后的过度投资(OVERINVEST)与公司产权性质(NONSTATE)、产业政策的支持(IP)及两者交乘项(NONSTATE * IP)之间的关系进一步线性回归分析,并考虑了

公司特征作为控制变量，同时纳入年度和行业控制变量。

表 17　模型(4)至模型(6)的多元线性回归结果

因变量:OVERINVEST	模型(4)	模型(5)	模型(6)
CONSTANT	−0.003 (−0.08)	−0.015 (−0.35)	−0.001 (−0.02)
NONSTATE	−0.007* (−1.72)	—	−0.020*** (−2.70)
IP	—	0.002 (0.36)	−0.005 (−0.93)
NONSTATE * IP	—	—	0.018** (2.08)
FCF	0.181*** (6.04)	0.185*** (6.19)	0.180*** (6.01)
LEV	0.001*** (4.78)	0.001*** (4.89)	0.001*** (4.92)
MANAGER	−0.041** (−2.04)	−0.054*** (−2.82)	−0.046** (−2.25)
SIZE	0.003 (1.39)	0.003 (1.55)	0.003 (1.38)
ADM	0.093** (2.55)	0.094** (2.55)	0.087** (2.37)
OCCUPY	−0.083 (−1.04)	−0.089 (−1.12)	−0.086 (−1.08)
DOUBLE	0.002 (0.36)	0.001 (0.22)	0.001 (0.22)
AGE	−0.002*** (−5.51)	−0.002*** (−5.38)	−0.002*** (−5.39)
年份	控制	控制	控制
行业	控制	控制	控制
样本量	1 459	1 459	1 459
R^2	0.068 4	0.066 5	0.071 2
adj. R^2	0.062 6	0.060 7	0.064 2
F 值	11.81***	11.48***	10.09***

注：***、**、* 分别代表在 1%、5%、10%水平上显著。

从表 17 可知，模型(4)的回归结果表明公司产权性质(NON-

STATE)和定向增发实施后的过度投资(OVERINVEST)在10%的显著性水平上负相关,即国有上市公司相比非国有上市公司在实施定向增发后更容易出现过度投资的问题。这一结果验证了本文假设4的猜想。模型(5)的回归结果显示,产业政策的支持(IP)对过度投资影响不显著,实证结果不能支持假设5的猜想。而模型(6)的回归结果显示,公司产权性质(NONSTATE)和定向增发实施后的过度投资(OVERINVEST)在1%的显著性水平上负相关,产业政策的支持(IP)对过度投资仍然不显著,同时产权性质和产业政策的交乘项(NONSTATE * IP)在5%的显著性水平上与定向增发实施后的过度投资(OVERINVEST)正相关。模型(6)的回归系数显示,产权性质和产业政策交乘项(NONSTATE * IP)的回归系数为0.018,并在5%的水平上显著,而产业政策(IP)的系数(−0.005)虽然不显著,但是对正向的产权性质和产业政策交乘项(NONSTATE * IP)的回归系数(0.018)产生了冲减的作用,因此从整体来看,正如模型(5)所示,产业政策对定向增发实施后的过度投资无显著影响(系数为0.002)。这说明国家产业政策的支持加剧了非国有上市公司过度投资的可能性,但对国有上市公司的过度投资没有显著影响。这一研究结论验证了本文假设6的猜想。同时,这一研究结果也与黎文靖、李耀淘(2014)的研究发现相吻合,他们研究得出产业政策能够对非国有企业的投资产生影响,而这一结果在国有企业中则不显著。

此外,表17的实证结果还验证了一些控制变量对定向增发实施后过度投资的影响。其中自由现金流(FCF)、资产负债率(LEV)、管理费用率(ADM)与定向增发后过度投资显著正相关,而管理层持股比率(MANAGER)、公司上市年限(AGE)与过度投资水平显著负相关。

(四) 稳健性检验

在本节中,为增强结果的说服力,文本采用以下4种方式来检验实证结果的稳健性：

① 用方差膨胀因子检测模型(1)至模型(6)是否存在多重共线性问题；

② 模型(1)至模型(3)中加入一个新的控制变量“公司以往是否实施过定向增发(DZBEFORE)”；

③ 模型(4)至模型(6)替代部分控制变量回归检验；

④ 剔除部分过度投资样本，对模型(4)至模型(6)重新进行回归验证。

下文会对每种检验方法详细展示说明，但为节省篇幅，避免结果过于冗余，下文检测方法②至检测方法④列示各种方式的稳健性检验结果时，只展示回归分析结果，不再列示描述性统计、相关性分析等内容。

1. 模型(1)至模型(6)方差膨胀因子检测多重共线性

表 18　模型(1)至模型(3)变量方差膨胀因子

变　量	模型(1)		模型(2)		模型(3)	
	VIF	SQRT VIF	VIF	SQRT VIF	VIF	SQRT VIF
NONSTATE	1.09	1.04	—	—	1.10	1.05
IP	—	—	1.04	1.02	1.05	1.02
SIZE	1.40	1.18	1.38	1.17	1.40	1.18
CURRENT	1.52	1.23	1.53	1.24	1.53	1.24
LEV	1.71	1.31	1.74	1.32	1.76	1.32
ROE	1.08	1.04	1.08	1.04	1.08	1.04
GROWTH	1.06	1.03	1.06	1.03	1.06	1.03
COMPETITION	1.44	1.20	1.44	1.20	1.45	1.20
Mean VIF	1.33	—	1.32	—	1.30	—
Condition Number	78.578 2	—	78.808 2	—	84.382 0	—

表 18 列示了模型(1)至模型(3)的方差膨胀因子，用以检验模型是否存在多重共线性问题。现在学术界普遍对多重共线性存在与否的标准是 VIF 均值大于 1 并且 VIF 存在大于 10 的变量则模型存在多重共线性问题，或者使用条件数(病态数，Condition Number)指

标，当Condition Number大于100时，模型存在多重共线性。而从表18可知，VIF值都远小于10，并且Condition Number也都小于100，由此验证模型(1)至模型(3)都不存在多重共线性问题。

表19　模型(4)至模型(6)变量方差膨胀因子

变　量	模型(4)		模型(5)		模型(6)	
	VIF	1/VIF	VIF	1/VIF	VIF	1/VIF
NONSTATE	1.28	0.784 144	—	—	1.28	0.783 841
IP	—	—	1.04	0.959 641	1.04	0.959 270
FCF	1.04	0.966 158	1.03	0.970 692	1.04	0.965 475
LEV	1.45	0.688 685	1.45	0.690 076	1.45	0.687 936
MANAGER	1.46	0.685 948	1.29	0.772 508	1.47	0.681 266
SIZE	1.49	0.673 091	1.48	0.677 082	1.49	0.672 446
ADM	1.21	0.828 057	1.21	0.827 405	1.21	0.827 347
OCCUPY	1.04	0.964 302	1.04	0.965 025	1.04	0.962 074
DOUBLE	1.08	0.926 423	1.08	0.927 873	1.08	0.923 610
AGE	1.25	0.801 949	1.24	0.804 052	1.25	0.800 561
Mean VIF	1.25	—	1.21	—	1.23	—
Condition Number	77.78	—	79.04	—	82.55	—

从表19可知，模型(4)至模型(6)中各变量的VIF值都远小于10，模型(4)、模型(5)、模型(6)的平均VIF值分别为1.25、1.21、1.23，可见不论是VIF还是平均VIF值都小于10。另外，模型(4)至模型(6)的条件数(Condition Number)值分别为77.78、79.04、82.55，条件数值也都小于100，因此可以验证得出模型(4)至模型(6)不存在多重共线性问题。

2. 模型(1)至模型(3)中增加新控制变量

参考祝继高(2011)研究配股申请过会率时加入了"公司以往是否成功实施过配股"这一变量，受其启发在模型(1)至模型(3)的逻辑回归时，新加入一个控制变量"公司以往是否实施过定向增发(DZBEFORE)"，检验回归结果的稳健性。表20展示了加入新控制变量的模型(1)至模型(3)的回归结果：

从表20可以看出，加入的新控制变量"公司以往是否实施过定向增发(DZBEFORE)"，在模型(1)、模型(2)和模型(3)中都在5%的显著性水平上与被解释变量“过会比率(PASS)”正相关。其他变量的回归结果和主检验基本一致,假设 1、假设 2 和假设 3 的结论仍然成立。

表 20　模型(1)至模型(3)的多元逻辑回归结果(稳健性检验)

因变量:PASS	模型(1)	模型(2)	模型(3)
CONSTANT	0.999 (0.82)	−0.795 (−0.66)	0.319 (0.26)
NONSTATE	−0.410*** (−4.08)	—	−0.743*** (−4.51)
IP	—	0.476*** (4.77)	0.233 (1.45)
NONSTATE * IP	—	—	0.464** (2.27)
SIZE	0.048 (0.77)	0.100 (1.62)	0.067 (1. 06)
CURRENT	−0.063** (−2.30)	−0.054** (−1.96)	−0.052* (−1.85)
LEV	−0.013*** (−4.34)	−0.009*** (−3.09)	−0.010*** (−3.37)
ROE	0.024*** (7.06)	0.025*** (7.27)	0.025*** (7.20)
GROWTH	0.002* (1.69)	0.002 (1.60)	0.002* (1.80)
COMPETITION	0.295** (2.17)	0.311** (2.31)	0.279** (2.05)
DZBEFORE	0.231** (2.29)	0.199** (1.98)	0.221** (2.18)
年份	控制	控制	控制
行业	控制	控制	控制
样本量	2 925	2 925	2 925
R^2	0.039 8	0.041 6	0.050 0
卡方	120.93***	126.25***	151.73***

注:*** 、** 、* 分别代表在 1%、5%、10%水平上显著。

3. 模型(4)至模型(6)中替代部分控制变量

为检验模型(4)至模型(6)回归结果的可靠性,参照章卫东

(2017)进行稳健性检验的步骤，在模型(4)至模型(6)中替代部分控制变量进行多元回归分析，将主检验中的控制变量公司规模(SIZE)替换为主营业务收入的对数值(MBINCOME)，重新进行多元线性回归分析，结果如表21所示。

表21　模型(4)至模型(6)的多元线性回归结果(稳健性检验1)

因变量：OVERINVEST	模型(4)	模型(5)	模型(6)
CONSTANT	0.331 1***	0.313***	0.342***
	(8.19)	(7.84)	(8.44)
NONSTATE	−0.011***	—	−0.027***
	(−2.66)		(−3.70)
IP	—	0.004	−0.004
		(0.91)	(−0.74)
NONSTATE * IP	—	—	0.022***
			(2.60)
FCF	0.218***	0.224***	0.218***
	(7.34)	(7.55)	(7.36)
LEV	0.001***	0.001***	0.001***
	(8.22)	(8.41)	(8.49)
MANAGER	−0.025	−0.045**	−0.031
	(−1.26)	(−2.40)	(−1.56)
MBINCOME	−0.013***	−0.013***	−0.013***
	(−7.02)	(−6.79)	(−7.25)
ADM	−0.055	−0.053	−0.069*
	(−1.37)	(−1.31)	(−1.70)
OCCUPY	−0.122	−0.131*	−0.126
	(−1.56)	(−1.66)	(−1.60)
DOUBLE	−0.001	−0.002	−0.002
	(−0.15)	(−0.39)	(−0.37)
AGE	−0.002***	−0.002***	−0.002***
	(−4.47)	(−4.24)	(−4.26)
年份	控制	控制	控制
行业	控制	控制	控制
样本量	1 459	1 459	1 459
R^2	0.097 8	0.093 9	0.102 6
adj. R^2	0.092 2	0.088 2	0.095 8
F值	17.45***	16.68***	15.04***

注：***、**、*分别代表在1%、5%、10%水平上显著。

从表 21 可以看出，模型(4)中公司产权性质(NONSTATE)与定向增发实施后公司过度(OVERINVEST)在 1%的显著性水平上负相关，说明假设 4 的检验结果是稳健的。模型(5)中产权性质(IP)和定向增发实施后过度投资仍然没有显著关系，假设 5 没有得到验证。模型(6)中公司产权性质(NONSTATE)和定向增发实施后的过度投资(OVERINVEST)在 1%的显著性水平上负相关，产权性质和产业政策的交乘项(NONSTATE * IP)在 1%的显著性水平上与定向增发实施后的过度投资正相关。产业政策(IP)的负系数(−0.004)仍然对产权性质和产业政策的交乘项(NONSTATE * IP)的正系数(0.022)存在冲减作用。实证结果仍支持假设 6。因此，替换控制变量后，模型(4)、模型(5)和模型(6)的回归结果和主检验相符，说明假设 4 和假设 6 的实证检验是稳健的。

4. 剔除部分样本重新度量过度投资

本文参考辛清泉、林斌、王彦超(2007)和章卫东(2017)的稳健性测试方法，由于在采用理查森(Richardson, 2006)模型计算残差时，模型不可避免存在一些偏差，因此残差靠近 0 的较多。为了避免这一影响，本文参考以上两篇论文的方法，将理查森(Richardson, 2006)模型计算得出的定向增发实施后过度投资残差从小到大排序，剔除前 20%的样本数据后再次进行回归分析，结果如表 22 所示。

表 22　模型(4)至模型(6)的多元线性回归结果(稳健性检验 2)

因变量:OVERINVEST	模型(4)	模型(5)	模型(6)
CONSTANT	−0.050 (−1.05)	−0.066 (−1.39)	−0.049 (−1.02)
NONSTATE	−0.009* (−1.73)	—	−0.020** (−2.44)
IP	—	0.003 (0.56)	−0.003 (−0.52)
NONSTATE * IP	—	—	0.017* (1.74)

（续表）

因变量：OVERINVEST	模型(4)	模型(5)	模型(6)
FCF	0.188***	0.193***	0.187***
	(5.50)	(5.66)	(5.46)
LEV	0.001***	0.001***	0.001***
	(5.09)	(5.20)	(5.19)
MANAGER	−0.037	−0.052**	−0.042*
	(−1.59)	(−2.35)	(−1.79)
SIZE	0.005**	0.005**	0.005**
	(2.25)	(2.46)	(2.26)
ADM	0.080**	0.080**	0.075*
	(1.98)	(1.96)	(1.84)
OCCUPY	−0.041	−0.041	−0.043
	(−0.45)	(−0.44)	(−0.47)
DOUBLE	0.004	0.003	0.002
	(0.61)	(0.46)	(0.39)
AGE	−0.002***	−0.002***	−0.002***
	(−4.11)	(−3.99)	(−4.03)
年份	控制	控制	控制
行业	控制	控制	控制
样本量	1 171	1 171	1 171
R^2	0.080 1	0.078 0	0.082 8
adj. R^2	0.073 0	0.070 8	0.074 1
F 值	11.23***	10.91***	9.51***

注：***、**、*分别代表在1%、5%、10%水平上显著。

从表22的回归结果显示，模型(4)中产权性质(NONSTATE)和过度投资显著负相关，模型(5)中产业政策(IP)和过度投资无显著关系，模型(6)中产权性质(NONSTATE)和过度投资显著负相关，并且产权性质和产业政策交乘项(NONSTATE * IP)与过度投资显著正相关。回归结果和主检验基本相符。

经过上述一系列的稳健性测试，得到结论均支持主检验结果，因此可以认为前文各假设的实证结论比较稳健。

五、结论与建议

(一) 研究结论

本文从产权性质和产业政策两个方面考察定向增发再融资方式的资源配置效率,并从上市公司定向增发之前证监会审核预案的通过率,到定向增发实施完成后的使用效率,全过程地研究定向增发再融资的资源配置效率。本文首先考量了上市公司是否能通过定向增发融得资金,然后再分析融得资金后,资金的使用效率、投资效率如何。也就是说,本文尝试从产权性质和产业政策影响两个角度,将公司的融资和投资行为结合起来,研究定向增发的资源配置效率。

本文首先以 2006—2015 年 A 股上市公司提交证监会审核的 2 925 个定向增发预案为研究对象,研究发现公司产权性质是影响定向增发预案过会与否的重要因素,由于政府部门的政治偏向,非国有上市公司的定向增发预案过会率要显著低于国有上市公司。但是这一现象并不是因为非国有上市公司外部融资需求低于国有上市公司,恰恰相反,非国有上市公司由于融资限制较多,能获得的信贷资源少,贷款成本也更高,所以非国有上市公司相比国有上市公司有更迫切的外部融资需求。产权性质的"歧视"对定向增发再融资市场的资源配置效率产生了不利影响。同时本文研究发现,受到国家"十一五"、"十二五"等国家长期产业政策支持的公司,定向增发预案过会率更高。进一步研究得出,国家产业政策的支持对非国有上市公司的融资推动作用更大,其显著提高了非国有上市公司定向增发预案的过会率,帮助非国有上市公司融得公司发展所需的资金。

以上研究的是上市公司能不能通过定向增发融得所需的资金,接下来本文进一步研究上市公司通过实施定向增发获取资金后的资金使用效率,即投资效率的问题。本文通过理查森(Richardson,

2006)模型计算出公司定向增发实施前后三年共 6 360 个非效率投资样本及 1 459 个定向增发实施后的过度投资样本,研究发现定向增发的实施在缓解投资不足的同时,显著加剧了公司过度投资的问题,并且这一现象在国有上市公司中更为突出。同时,在非国有上市公司中,受产业政策支持的公司过度投资现象也更为严重。

综上所述,结合定向增发之前的预案审批过会情况和定向增发实施后的投资效率,我们发现国有上市公司一方面凭借政治优势,相比非国有上市公司拥有更高地定增预案过会率,即国有上市公司能更容易得通过定向增发再融资获取资金。但另一方面,我们也看到定向增发实施后,国有上市公司过度投资问题更显著。结合这两个方面的发现,我们认为国有上市公司通过定向增发再融资圈得了远超自身实际需求的资金,造成了较为严重的过度投资问题,浪费了市场上有限的资金。同时在非国有上市公司中,我们一方面研究得出国家产业政策的支持显著提高了非国有上市公司的定增预案过会率,帮助非国有上市公司融得自身发展所需的资金。但另一方面也发现定向增发实施后,受产业政策支持的非国有上市公司的过度投资问题同样严重,因此我们认为产业政策的支持虽然帮助非国有上市公司融得资金,但实际融资额也超过了公司实际需求,浪费了宝贵的市场资金。

现有很多研究都认为我国非国有上市公司面临着较为严重的融资难问题,本文的研究发现,产业政策支持下的非国有上市公司能相对容易得通过定向增发融得资金,从而有利于缓解非国有公司融资难的问题,从这一角度看,定向增发提高了市场的资源配置效率。但是进一步结合定向增发实施后的资金使用情况,我们认为目前定向增发再融资市场的资源配置效率还有待提高。国有上市公司的定向增发预案审批过会率高,但融得资金后自由现金流量的增加导致了较为突出的过度投资问题。而国家产业政策的支持在提高非国有上市公司定向增发预案通过率的同时,也引发了其过度投资的现象。这一连串的现象说明定向增发这一融资方式分配了过多的资金给融资企业，使得实际融资额超过了公司的实际投资需求。同时，相关监管部门应加强对国有上市公司和受产业政策支持公司的申请把控，不能让上市公司凭借这两块护身法宝肆意融资圈钱，最后浪费了市场有限的宝贵资金，影响了定向增发的资源配置效率。

(二) 相关政策建议

基于上述研究发现，下文对如何更好地规范再融资市场的资源配置效率提出如下几点建议：

(1) 政府及相关监管部门应当加强对定向增发预案的审批把控，预防上市公司凭借国有性质和产业政策支持而大肆融资圈钱。同时，政府部门应尤其重视上市公司融资额的审核，要求上市公司提交详细的资金使用说明，确保公司融资额和实际需求的吻合，防范市场有限资金的浪费。

(2) 国家“十一五”、“十二五”等长期产业政策会对上市公司外部经济环境产生一定的影响，非国有上市公司应该积极响应产业政策号召，借助产业政策的支持降低外部融资成本，获取企业发展所需的资金。

(3) 我国上市公司应当进一步改善公司治理机制、完善公司治理结构，一方面要对管理者实施有效监督，避免由于第一类代理问题造成的管理者为了个人业绩引起的过度投资问题；另一方面也要防范第二类代理问题，加强对大股东尤其是控股股东的监管，防止他们滥用控制权过度投资，损害中小投资者的权益。只有这样才能提高资金的使用效率。

(4) 建议相关监管部门进一步制定和完善相关的制度法规，强制要求上市公司定期持续披露定向增发实施后的资金使用情况，从而在一定程度上限制公司的过度投资行为，提高资金使用效率。

参考文献

白钰、唐洋、黄申：《定向增发锁定期对企业投资效率影响研究——基于项目融资背景的研究》，《会计之友》2016 年第 21 期。

方军雄：《所有制、制度环境与信贷资金配置》，《经济研究》2007 年第 12 期。

连立帅、陈超、白俊：《产业政策与信贷资源配置》，《经济管理》2015 年第 12 期。

陆正飞、祝继高、樊铮：《银根紧缩、信贷歧视与民营上市公司投资者利益损失》，《金融研究》2009 年第 8 期。

马宏：《我国民营企业融资约束与对策》，《价格月刊》2009 年第 9 期。

钱震杰：《中国工业企业投资的融资约束研究》，《清华大学学报(哲学社会科学版)》2006 年第 S1 期。

沈红波、寇宏、张川：《金融发展、融资约束与企业投资的实证研究》，《中国工业经济》2010 年第 6 期。

宋凌云、王贤彬、徐现祥：《地方官员引领产业结构变动》，《经济学(季刊)》2013 年第 1 期。

田昆儒、王晓亮：《定向增发与投资效率问题研究》，《江西财经大学学报》2014 年第 1 期。

万良勇：《银行道德风险、利益侵占与信贷资金配置效率——基于中国上市公司的经验证据》，《金融研究》2010 年第 4 期。

辛清泉、林斌、王彦超：《政府控制、经理薪酬与资本投资》，《经济研究》2007 年第 8 期。

张朝洋：《不确定性、产权性质与企业融资约束——以中国制造业上市公司为例》，《金融与经济》2014 年第 12 期。

章卫东、汪芸倩、刘若梦：《上市公司增发新股类型与过度投资关系——来自中国 A 股上市公司的经验证据》，《经济评论》2017 年第 1 期。

周铭山、任哲、李涛：《产权性质、融资约束与现金调整：兼论货币政策有效性》，《国际金融研究》2012 年第 6 期。

祝继高、韩非池、陆正飞：《产业政策、银行关联与企业债务融资——基于 A 股上市公司的实证研究》，《金融研究》2015 年第 3 期。

祝继高:《融资需求、产权性质与股权融资歧视》,北京大学工作论文,2009年。

Allen. F., Qian.J. and Qian.M. "Law, Finance and Economic Growth in China". *Journal of Financial Economics*, 2005, 77(1), 57—116.

Bebchuk L.A. and L.A.Stole. "Do Shortterm Objectives Lead to Under or Overinvestment in Longterm Projects". *Journal of Finance*, 1993, 48(1): 719—729.

Brandt L. and H. B. Li. "Bank Discrimination in Transition Economies: Ideology, Information or Incentives?". *Journal of Comparative Economics*, 2003(31):287—341.

D.Chen, OZ Li, F.Xin. "Five-Year Plans: China Finance and Their Consequences". *Ssrn Electronic Journal*, 2013.

Scott Richardson. "Over-investment of free cash flow". *Review of Accounting Studies*, 2006(11):2—3.

Su X.J. and Z.F.Yang. "State Control, Financial Constraints and Firm Growth: Evidence from China". Working Paper, City University of Hong Kong, 2009.

养老保险与养老服务

养老保险对老年人劳动供给的影响研究

杨　柳　郭有德*

[摘要]　本文利用2015年CHARLS数据，基于劳动参与模型与劳动供给模型探讨我国城职保、城居保、新农保三种基本养老保险制度对60岁及以上老年人劳动参与率和劳动供给时间的影响。实证分析结果表明，我国基本养老保险制度对老年人劳动供给决策存在重要影响且城职保、新农保、城居保对老年人劳动供给决策的影响差异显著。城职保倾向于激励老年人降低劳动参与率和劳动供给时间，而城居保和新农保总体上则更倾向于激励老年人增加劳动参与率和劳动供给时间。其中，新农保更倾向于促使老年人增加农业劳动供给时间。根据研究结论文章提出了要建立与劳动力市场相适应的养老保障体系、统筹城乡养老保险制度、制定适度的养老金待遇等建议以应对当前劳动力供给下降和劳动力市场变动问题。

[关键词]　养老保险；老年人；劳动参与率；劳动供给时间

一、引　　言

改革开放四十年以来，我国发生了翻天覆地的变化，经济实现

* 杨柳，复旦大学社会发展与公共政策学院。郭有德，复旦大学社会发展与公共政策学院教授。

高速增长，国内生产总值从 1978 年的 3 679 亿元增长到了 2018 年的 900 309 亿元，四十年间增长了 243.7 倍，经济社会的快速发展一定程度上得益于廉价劳动力的充裕。但值得关注的是，在这四十年间我国 0—14 岁少儿人口比重不断下降，15—64 岁劳动人口比重自 2010 年后下降态势初显，65 岁及以上老年人口比重持续上涨，劳动适龄人口减少且内部年龄结构老化，少儿人口后继无力，老年人口增多，我国人口年龄结构已经发生了重大转变。特别是我国已于 2000 年进入老龄化社会，老年抚养比不断提高，老龄化程度日益加剧，劳动适龄人口的劳动供给水平正在衰减，劳动力无限供给的红利时代已经过去，这将会给我国未来劳动力供给、养老保险制度和经济的可持续发展带来巨大挑战。

我国人口平均预期寿命从 1981 年的 67.77 岁上升到 2015 年的 76.34 岁，三十四年间上涨了近 10 岁，其中 2015 年男性平均预期寿命为 73.64 岁，女性为 79.43 岁，而我国法定退休年龄却依然沿用 1978 年国务院颁布的“两个办法”①中规定的男性 60 岁、女干部 55 岁、女工人 50 岁的退休年龄标准。在人口平均预期寿命不断延长的情况下我国法定退休年龄却无较大变动，老年人积累了丰富的工作经验却较早地退出劳动力市场，这必然会损失老年人力资本。因此，在当前人口老龄化程度日益加剧和劳动适龄人口劳动供给水平日益衰减的背景下，老年人劳动供给问题成为当前各界重点关注的一个议题。

经济收入是影响劳动者劳动供给决策的重要因素，老年人的经济收入主要来源于养老金。吉尔斯等人（Giles et al.）利用 CHARLS 数据研究发现养老金待遇水平是影响中国 45 岁及以上中老年人退休决策的一个重要因素。因此本文将探讨我国当前养老保险制度对老年人劳动供给的影响。

---

① “两个办法”是指 1978 年颁布的《国务院关于安置老弱病残干部的暂行办法》、《国务院关于工人　退休、退职的暂行办法》。

目前，世界各国都已建立起符合本国国情的养老保险制度，尽管模式不尽相同，但制度建立的初衷大体一致：养老保险制度不仅承载着保障劳动者退休后基本生活需要和提高公民福利收入的功能，还扮演着维持劳动力市场良性运行的角色。养老保障制度一方面保障了公民退休后基本生活需要，公民为了规避老年贫困风险参加养老保险，这个意义上的养老保险对劳动供给会产生正向激励，而养老保险制度又会在一定程度上影响公民的退休决策，致使提前退休，对劳动供给产生负面影响。我国目前已经建立了包含城镇职工基本养老保险(简称“城职保”)、城镇居民社会养老保险(简称“城居保”)、新型农村社会养老保险(简称“新农保”)三种基本养老保险制度，其中城居保与新农保在2014年合并为城乡居民社会养老保险，鉴于城乡间养老保险待遇和主要劳动方式差异，本文将分别研究城居保和新农保对老年人劳动供给的影响。《2018年国民经济和社会发展统计公报》显示，截至2018年底，我国参加养老保险制度的人数达9.15亿人，较上年参保人数增长了2 692万人，养老保险覆盖面虽然日渐扩大，惠及更多公民，但发展至如今的养老保障制度也显现出了个人账户空账、养老基金支付面临巨大资金缺口等诸多问题，财政养老负担沉重，同时伴随着我国人口老龄化程度日益加深，总劳动参与率和劳动供给水平不断下降，致使我国长期经济增长乏力，2010年以后我国劳动适龄人口总量及比重均开始出现下降趋势，与此同时2010年后国内生产总值年度增长率同样出现了连年下降，从2010年的10.64%下降到2017年的6.9%。因此，探讨养老保险与老年人劳动供给二者之间关系对改革完善养老保障体系、维持劳动力市场的良性运行和促进未来经济快速发展具有重要意义。

我国三种养老保险制度对老年人劳动供给是否有影响？三种养老保险制度降低还是提高老年人劳动供给水平？三种养老保险制度对老年人劳动供给的影响收入效应和替代效应哪个更大？如何完善与劳动力市场变动情况相适应的养老保险制度？这些正是

本次实证研究需要回答的问题,这些问题既涉及养老保障体系的变革,又影响着中国劳动力市场的良性运行和未来经济发展。

二、文献综述

世界各国依据本国的经济发展水平、社会文化传统、政治政策环境等各类因素建立了符合本国国情的养老保险制度,查阅国内外相关研究文献发现,学术界对于养老保险对劳动供给的影响尚未形成一致结论。养老保险对劳动供给的影响效果受到国别、经济环境、教育水平、生活习惯、文化传统等因素的影响,不同的养老保险模式所表现出的影响结果也有所不同。

近几年来,伴随着世界范围内人口老龄化程度日益加剧,老年人的劳动供给问题成为一个重要议题,国内外学者关于养老保险对劳动供给的影响开展了大量研究,大致可以分为以下三种观点。

一部分学者认为养老保险对劳动供给存在负面影响。例如,博斯金(Boskin, 1977)认为公共养老金制度的收入保障和隐含的收益税率两个关键政策参数会对退休决策产生巨大影响,研究结果表明,将隐含的收益税率从一半减少到三分之一将使年退休率降低近60%,他认为公共养老金制度一直是导致劳动者提前退休的主要因素。彭浩然通过 VBA 编程对我国九大行业不同退休年龄的代表性个体的养老金替代率和隐含收益税率进行测算,结果表明我国基本养老保险制度激励老年人提前退休且存在行业差异,低收入行业负向激励更为显著。博斯金和彭浩然均未指出公共养老金制度对老年人提前退休影响程度有多大。之后,博斯金和赫德(Boskin & Hurd, 1978)利用美国社会保障管理局的退休调查历史数据研究社会保障对提前退休决策的影响,研究表明社会保障福利收入对退休的影响是显著的,每增加 1 000 美元会使样本提前退休的概率提升8%。戴蒙德和豪斯曼(Diamond & Hausman, 1984)基于生命周期理论也得出了相同的结论:社会保障退休福利增加会引致提前退休,减少老年人劳动供给时间。博斯金和赫德(Boskin & Hurd,1978)用老年人退休决策测量老年人劳动参与率状况,并指出了二者之间的关系大小,但未进一步分析社会保障对老年人劳动供给时间状况的影响。李江一将老年人是否领取城居保变量作为重点关注的解释变量,使用断点回归估计方法(2018)对2013年中国家庭金融调查数据(CHFS)进行实证分析,他认为领取城居保对老年人劳动参与率存在负向激励,将促使老年人劳动参与率降低32.9%。目前研究城镇居民社会养老保险对老年人劳动供给影响的文献较少,并没有文献从劳动供给时间角度分析城居保对老年人劳动供给的影响。阳义南(2013)利用广东省2011年21个地市的一万名退休职工问卷调查数据实证分析了城职保养老金对职工退休决策的影响,研究表明城职保养老金促使劳动者提前退休,而且指出提前退休使男性职工每月多领取5.2%的养老金,女性每月多领取8.1%的养老金,由于提前退休可以使职工领取更多养老金,所以他认为现行城职保对职工提前退休具有正向激励,阳义南仅分析了养老金对劳动参与率的影响,也未研究其对劳动供给时间的影响。黄宏伟、展进涛、陈超(2014)利用农业部2011年抽样调查数据,运用Tobit模型估计了新农保对农村老年人劳动供给的影响,研究发现新农保政策能显著减少农村老年人劳动供给时间,即每增加1元养老金收入,农村老年人平均减少0.01天劳动时间。郝磊(2016)利用2013年CHARLS数据运用Tobit回归模型分析我国养老保险制度对45岁及以上中老年人劳动供给时间的影响,实证分析表明参加养老保险促使中老年人劳动供给时间减少11.6天,郝磊明确了我国基本养老保险制度对劳动供给时间的影响大小,但他仅从"是否参加养老保险"角度衡量中老年人养老保险状况,而没有看到养老保险领取和养老金待遇水平在劳动供给时间决策中的作用。

也有一部分学者认为养老保险对劳动者的退休决策和劳动供给决策影响并不显著。米切尔和菲尔兹(Mitchell & Fields,1984)探讨了经济因素在决定退休行为中的作用,该文章使用一个独特的新数据档案即对超过 8 700 名由十种不同的退休金计划覆盖的工人进行调查，结果显示退休年龄差异部分是由于工人选择偏好的差异，部分原因是收入机会的差异，其中退休金对退休行为的影响不显著。布鲁姆(Bloom，2008)也得出了相似的结论，他采用 51 个国家的面板数据研究养老金对男性劳动供给的影响，研究发现基金积累制筹资模式的养老保险制度对劳动供给影响不显著，而现收现付制降低了劳动参与率，但幅度不大。张晓玲(2012)分析了养老金待遇水平对劳动供给决策的影响，她认为养老金对劳动者的劳动供给决策存在收入效应和替代效应两种相反的影响，劳动供给的多少取决于两种效应的大小。解垩(2015)基于 2008 年和 2012 年两次 CHARLS 面板数据，采用差分—断点方法估计“是否领取新农保养老金”对农村老年人劳动供给的影响，分析结果表明新农保政策由于补助强度小在短期内对农村老年人的劳动供给决策没有影响。周云波、曹荣荣(2017)利用 PSM-DID 方法对 CHARLS 数据分析同样发现参加新农保对农村老年人的劳动供给行为影响并不显著。李莉(2005)采用文献回顾的方法研究养老金对劳动供给的影响，她认为养老金并非肯定导致劳动供给增加或者减少，要具体问题具体分析，视情况而定。

极少数学者认为养老保险对老年人劳动供给有正向激励作用。例如，车翼利用青岛市社保局 2004 年抽样调查数据运用 Logistic 模型研究发现，养老金收入对劳动供给的影响显著，有正向激励效应，在对退休老人再就业的研究中得到了同样的结论，他认为是养老保险覆盖率低和就业压力大造成的，车翼(2007)论述了养老金如何影响劳动供给，也未说明影响程度。郝磊(2016)使用 2011 年和 2013 年两期 CHARLS 数据，采用双重差分倾向得分匹配方法探究新农村 45 岁以上中老年人劳动供给的影响，他认为新农保显著增加了农村中老年人的农业劳动供给时间，对总劳动供给时间影响不显著。但他仅用“是否参加新农保”测量农村老年人新农保参与状况，而未考虑到新农保领取和养老金待遇水平对农村老年人劳动供给状况的影响。

可以看出，目前关于养老保险与老年人劳动供给二者之间的关系研究尚未得到一个统一结论。而且我国三种不同类型的养老保险制度起步晚，正处于发展完善阶段，缺乏合适的养老保险、劳动力供给以及退休状况的抽样调查数据，国内关于养老保险与老年人劳动供给关系的定量研究成果较少。且多是探讨新农保对农村老年人劳动供给的影响，而城职保和城居保对老年人劳动供给影响的相关研究文献甚少。此外，多数学者在定量研究探讨养老保险的劳动供给效应时，一般使用"是否参加养老保险"变量作为解释变量，而忽视了"养老保险领取"及"养老金待遇水平"这两个更能表现养老保险状况的变量。目前，也没有文献使用同一时期、同一来源、相同变量设置的数据对比分析我国三种养老保险制度对老年人劳动供给的影响有何不同。基于此，本文使用 2015 年中国健康与养老追踪调查数据(CHARLS)从是否参加养老保险、是否领取养老保险、养老金待遇水平三个角度探讨我国三种养老保险制度对老年人劳动参与率和劳动供给时间的影响。

三、变量选取与描述性统计

本文研究所用的基础数据来源于中国健康与养老追踪调查(China Health and Retirement Longitudinal Study，简称 CHARLS) 2015 年全国基线调查数据。2015 年，CHARLS 在全国共覆盖了全国 28 个省 150 个县(区)的 450 个村(居)，收集到约 1 万多户家庭 1.7 万人关于中老年人家庭及个人信息的样本数据，在总体上代表了我国中老年人的基本情况。CHARLS 问卷主要包含了个人基本信息、家庭成员信息、医疗健康信息、工作退休信息及经济状况等几个方面的内容，问卷问题详尽，可以满足本次的研究所需。根据研究需要，文章在选取样本时剔除了 60 岁以下的样本和有关劳动供给和养老保险等重要变量缺失的样本，最终本次研究样本共保留了 9 336 个观测值。

(一) 变量选取

在前人研究成果的基础上,本文主要选取个人特征、家庭特征、经济特征、养老保险特征、健康特征等影响劳动者劳动供给决策的相关因素着手探讨。表1中列出了本次研究所选取的变量。

表1 变量定义表

变量符号	变量名称	变量含义
	被解释变量	
LP	劳动参与	是=1,否=0
ALP	农业劳动参与	是=1,否=0
NALP	非农劳动参与	是=1,否=0
LS	总劳动供给时间(小时)	连续变量
ALS	农业劳动供给时间(小时)	连续变量
NALS	非农劳动供给时间(小时)	连续变量
	解释变量	
UEIP	参加城镇职工养老保险	是=1,否=0
UEIR	领取城镇职工养老保险金	是=1,否=0
UEIPEN	城镇职工养老金(万元)	连续变量
URIP	参加城居保	是=1,否=0
URIR	领取城居保	是=1,否=0
URIPEN	城居保养老金(万元)	连续变量
NRIP	参加新农保	是=1,否=0
NRIR	领取新农保	是=1,否=0
NRIPEN	新农保养老金(万元)	连续变量
	控制变量	
age	年龄	年龄
gender	性别	男=1,女=0
edu	受教育水平	小学及以下=1,初中=2,高中=3,大专及本科=4,硕士及以上=5
married	婚姻状况	在婚=1,其他=0
hukou	户口	农业=1,非农=0
health	自评健康状况	很好=1,好=2,一般=3,不好=4,很不好=5

（续表）

变量符号	变量名称	变量含义
	控制变量	
OIP	参加其他养老保险	是=1,否=0
income	人均年收入(万元)	连续变量
asset	家庭人均资产(万元)	连续变量
debt	家庭人均债务(万元)	连续变量
familynumber	家庭规模	人数
children	子女数量	人数
childstudy	是否有子女正在上学	是=1,否=0
livetogether	是否有子女同住	是=1,否=0
fchildsupport	上年收到子女的经济支持(万元)	连续变量
fpasupport	上年收到父母的经济支持(万元)	连续变量
tochildsupport	上年给予子女的经济支持(万元)	连续变量
topasupport	上年给予父母的经济支持(万元)	连续变量

文章在研究分析时将老年人的劳动参与率和劳动供给时间变量作为被解释变量,将城职保、城居保和新农保的参加、领取和待遇水平作为解释变量,将其余变量作为控制变量。其中,控制变量中的个人特征因素变量主要包括年龄、性别、受教育水平、婚姻状况、户口等变量;家庭特征因素包括家庭规模、子女数量、是否与子女同住、是否有子女正在上学等变量;经济特征因素包括人均年收入、家庭人均资产、家庭人均债务、与父母子女的经济往来等变量;其他养老保险参与变量主要是指是否参加征地养老保险、人寿保险、企业职工补充养老保险、商业性养老保险其中之一;健康状况变量主要通过受访者的自评健康状况表示,将受访者的自评健康状况分为5个等级。

(二) 变量描述性统计

从本次老年人样本的个人特征分析,在性别占比方面,男性老年人共4 621人,占49.54%,女性老年人共4 705人,占50.46%,男女比例均衡;在老年人受教育水平方面,小学及以下学历占样本的

80.59%,初中学历占比为11.48%,高中学历占比为5.98%,大专及本科学历占比为1.88%,硕士及以上学历占比为0.07%,老年人受教育水平的均值为1.294,从这些数据可以看出,受访老年人的受教育水平普遍很低,大比例集中在小学及以下学历。在户口分布方面,受访老年人75.60%是农村户口,24.40%是城市户口;在婚姻状况方面,78.70%的老年人处于在婚状态,21.30%的老年人处于单身、离异、分居、丧偶或同居状态;在老年人年龄分布方面,60—64岁年龄段老年人占样本的35.81%,65—69岁年龄段占比为26.36%,70—74岁年龄段占比为17.63%,75—79岁年龄段占比为11.24%,80岁及以上老年人占比为8.97%,样本年龄均值为68.638岁,年龄最大的老年人为105岁。在老年人的健康状况方面,健康状况好的老年人仅占14.91%,健康状况一般的老年人占比为30.32%,健康状况不好的老年人占比为54.77%,老年人健康状况均值为3.526,可以看出老年人的健康状况普遍较差。

从本次老年人样本的家庭特征分析,在家庭规模方面,1—3口人家庭规模占样本的88.20%,2口之家的占比最大,比例为53.19%,而4—12口人家庭规模仅占11.80%,样本家庭规模均值为2.405人,可以看出2—3口人的核心家庭成为主流;在子女数量方面,家庭子女数量样本均值约为3个,其中有1.28%的家庭有正在上学的子女;在居住情况方面,有51.83%的老年人与子女同住(见表2)。

表2　变量的统计描述

Variable	Mean	Std.Dev.	Min	Max
LP	0.495	0.5	0	1
ALP	0.412	0.492	0	1
NALP	0.14	0.34	0	1
LS	630.292	979.449	0	4 188
ALS	407.571	762.231	0	3 744
NALS	22.72	691.47	0	4 064

(续表)

Variable	Mean	Std.Dev.	Min	Max
UEIP	0.137	0.344	0	1
UEIR	0.131	0.337	0	1
UEIPEN	0.408	1.33	0	61.44
URIP	0.044	0.205	0	1
URIR	0.041	0.198	0	1
URIPEN	0.028	0.248	0	4.8
NRIP	0.559	0.496	0	1
NRIR	0.499	0.5	0	1
NRIPEN	0.057	0.147	0	3.6
age	68.638	7.1	60	105
gender	0.495	0.5	0	1
edu	1.294	0.67	1	5
Married	0.787	0.409	0	1
hukou	0.756	0.429	0	1
health	3.526	1.055	1	5
OIP	0.129	0.336	0	1
income	0.708	1.821	0	65.015
asset	20.113	120.155	0	4 400.875
debt	0.313	4.039	0	300
familynumber	2.405	1.113	1	12
children	3.256	1.532	1	15
childstudy	0.013	0.112	0	1
livetogether	0.518	0.5	0	1
fchildsupport	0.592	1.557	0	75
fpasupport	0.003	0.071	0	5
tochildsupport	0.301	1.4	0	40
topasupport	0.02	0.083	0	2

从表 2 中可以看出，有 49.53%的老年人参加劳动，老年人总体劳动供给时间均值为 630.292 小时，其中农业劳动时间供给均值为 407.571 小时。从图 1 中可以看出，老年人的劳动供给时间随年龄的上升而下降直到停止劳动。60—64 岁老年人总体劳动时间最长，为 900.372 小时，而 80 岁及以上老年人最低，总体劳动供给时间下降到了 128.994 小时。

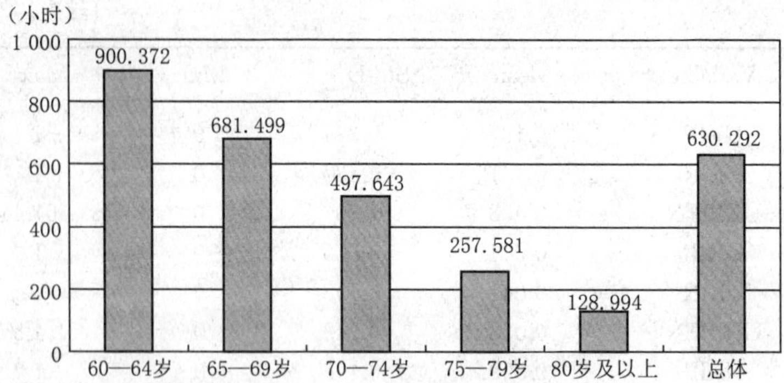

图1　老年人不同年龄组劳动供给时间

从图2中老年人的养老保险参与状况分析,新农保参保和领取比例最高,新农保参保比例为56%,领取人数占比49.80%,其次是城镇职工基本养老保险,参保占比为13.30%,领取人数占比为12.70%,而城居保最低,参保比例仅为4.30%,领取人数占比为4%。

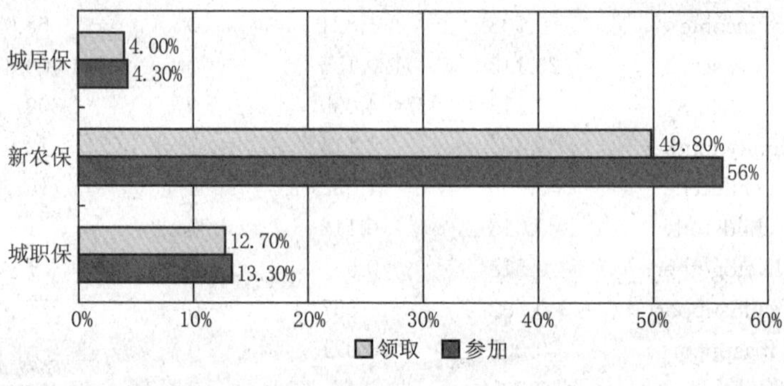

图2　老年人参加和领取养老保险状况

四、实 证 分 析

(一) 模型构建

一般来说,劳动者的劳动供给状况可以由劳动参与率与劳动供给时间两个指标来测量,所以本文决定通过构建劳动参与模型和劳动供给模型来共同解释养老保险对老年人劳动供给状况的影响。

本文用劳动参与模型解释老年人的总体劳动参与率(LP)、农业劳动参与率(ALP)、非农劳动参与率(NALP)决策。老年人的劳动参与决策用去年受访者是否从事过一个小时以上的农业生产经营活动、受雇劳动或非农自雇和为家庭生产经营帮工衡量。其中，重点关注解释变量中的养老保险因素，养老保险因素用是否参加养老保险、是否领取养老金和养老金待遇水平三个变量衡量，是否参加养老保险变量用于解释预期养老金收入对老年人劳动参与决策的影响，是否领取养老金和养老金待遇水平两个变量用于解释当前养老金收入对老年人劳动参与决策的影响。将老年人个人特征因素、健康因素、其他养老保险参与因素、家庭特征因素、经济特征因素等作为控制变量纳入模型中，劳动参与模型中总体劳动参与率(LP)、农业生产经营活动参与率(ALP)、非农劳动参与率(NALP)三个被解释变量均为二值变量，因此考虑使用 Probit 模型进行回归分析，回归结果为边际效应。

劳动供给模型用于解释老年人总劳动供给时间(LS)、农业劳动供给时间(ALS)、非农劳动供给时间(NALS)决策。其中总劳动供给时间(LS)是通过加总受访者受雇劳动时间、农业劳动时间、非农自雇和为家庭生产经营帮工时间得到，非农劳动供给时间(NALS)是通过加总受访者的受雇劳动时间和非农自雇和为家庭生产经营帮工时间获得。在劳动供给模型中同样重点关注解释变量中的养老保险变量，模型中所用解释变量与劳动参与模型中相同，因此不再赘述。鉴于总劳动供给时间(LS)、农业劳动供给时间(ALS)、非农劳动供给时间(NALS)三个被解释变量在正值上大致是连续分布的，但有一部分老年人劳动供给时间取值为 0，被解释变量在 0 值上有正值概率，因此考虑使用 Tobit 模型(又称“角点解模型”)进行回归分析，回归结果为边际效应。

文章所选取的解释变量通过了 vif 检验，不存在多重共线性问题。考虑到可能存在的异方差问题，本文使用稳健标准误进行回归分析，并对数据做了加权处理。由于本文的研究对象为 60 岁及以上老年人,属于已到法定退休年龄的退休群体,绝大部分老年人已经停止缴纳养老保险费开始领取养老金,养老金领取和养老金待遇水平主要由当前养老保险制度决定,而不受老年人劳动供给决策的直接影响,模型内生性问题影响不大,因此本文实证分析时不再考虑内生性问题。

(二)实证结果分析

1. 城职保对老年人劳动供给影响的实证分析

在控制个人特征变量、健康特征变量、其他养老保险参与变量、家庭特征变量、经济特征变量等解释变量的情况下,具体从城镇职工基本养老保险的参加、领取和养老金待遇水平三个角度着手分析其对老年人劳动参与率和劳动供给时间影响的边际效应。

(1)城职保对老年人劳动参与率影响的实证分析。

表3中劳动参与模型Probit回归结果显示,在1%的显著性水平下,城镇职工基本养老保险这一重点关注的解释变量对老年人劳动参与率具有显著的负效应。从Probit估计的边际效应来看,城镇职工基本养老保险更倾向于降低老年人劳动参与率,其中参加城镇职工基本养老保险将使老年人劳动参与率降低9.56%,领取城镇职工基本养老金将使老年人劳动参与率降低14.5%,城镇职工养老金收入越高越激励老年人降低劳动参与率,养老金年收入每增加一万元将使老年人劳动参与率降低6.27%。控制变量对老年人劳动参与率影响的估计结果与大多数研究成果和经验相似,性别、年龄、受教育程度、婚姻状况、户籍状况、健康状况、有正在上学的子女、家庭人均年收入、家庭人均资产、父母和子女给予的经济支持是影响老年人劳动参与率的重要因素。

(2)城职保对老年人劳动供给时间影响的实证分析。

表4中劳动供给模型Tobit回归结果显示,在1%的显著性水平下,城镇职工基本养老保险对老年人劳动供给时间具有显著的负效应。从Tobit模型回归结果来看,城镇职工基本养老保险更倾向

表 3　城镇职工基本养老保险的劳动参与模型 Probit 回归结果

	解释变量	劳动参与模型		
		参　加	领　取	待遇水平
城职保	UEIP	−0.095 6***		
		(0.035 4)		
	UEIR		−0.145***	
			(0.033 1)	
	UEIPEN			−0.062 7***
				(0.011 1)
个人特征	gender	0.145***	0.144***	0.146***
		(0.024 7)	(0.024 5)	(0.024 7)
	age	−0.021 9***	−0.021 3***	−0.020 6***
		(0.002 22)	(0.002 18)	(0.002 17)
	edu	−0.034***	−0.034***	−0.024***
		(0.017)	(0.017)	(0.017)
	Married	0.114***	0.116***	0.122***
		(0.028 7)	(0.028 4)	(0.027 7)
	hukou	0.352***	0.344***	0.344***
		(0.031 7)	(0.030 9)	(0.030 4)
健康特征	health	−0.040 6***	−0.040 6***	−0.039 1***
		(0.011 4)	(0.011 3)	(0.011 3)
其他养老保险参与	OIP	0.034	0.021	0.018
		(0.032)	(0.032)	(0.031)
家庭特征	children	0.011 8	0.011 6	0.010 6
		(0.009 7)	(0.010)	(0.010)
	familynumber	−0.010	−0.011 3	−0.011 3
		(0.012)	(0.012)	(0.012)
	livetogether	−0.022	−0.028	−0.036*
		(0.027)	(0.026)	(0.026)
	childstudy	0.243***	0.243***	0.245***
		(0.038)	(0.036)	(0.034)

(续表)

	解释变量	劳动参与模型		
		参　加	领　取	待遇水平
经济特征	income	0.005*	0.013**	0.026**
		(0.012)	(0.011)	(0.012)
	asset	−0.001***	−0.001***	−0.001***
		(0.000 2)	(0.000 2)	(0.000 2)
	debt	0.002	0.001	0.000 1
		(0.006)	(0.006)	(0.006)
	fpasupport	−0.193*	−0.189*	−0.186*
		(0.107)	(0.101)	(0.093)
	topasupport	0.153	0.141	0.156
		(0.125)	(0.126)	(0.128)
	fchildsupport	−0.024**	−0.023**	−0.023**
		(0.010)	(0.010)	(0.010)
	tochildsupport	0.010 2	0.010 6	0.011 4
		(0.008)	(0.008)	(0.010)
	Pseudo R^2	0.24	0.25	0.26
	Observations	1 938	1 963	1 963

注:① *** $p<0.01$, ** $p<0.05$, * $p<0.1$;②括号中为稳健标准误;③估计结果为边际效应。

于激励老年人减少劳动供给时间,其中参加城镇职工基本养老保险将促使老年人减少 562.7 个小时劳动供给时间,领取城镇职工基本养老金将促使老年人减少 870 个小时劳动供给时间,养老金收入每提高一万元将促使老年人减少 332.2 个小时劳动供给时间。从以上数据可以看出,城镇职工基本养老保险对老年人劳动供给时间影响表现出更强的收入效应。此外,当前养老金收入水平比预期养老金收入水平表现出更强的负向激励,说明我国目前城镇职工基本养老保险金待遇水平较高,能满足老年人生活需要,更倾向于激励老年人减少劳动供给时间或退出劳动力市场。

表 4　城镇职工基本养老保险的劳动供给模型 Tobit 估计结果

	解释变量	劳动供给模型		
		参　加	领　取	待遇水平
城职保	UEIP	−562.7*** (192.3)		
	UEIR		−870.0*** (190.4)	
	UEIPEN			−332.2*** (57.36)
个人特征	gender	677.2*** (122.2)	683.5*** (122.3)	681.8*** (122.7)
	age	−101.0*** (10.55)	−98.15*** (10.26)	−94.05*** (10.23)
	edu	−119.3*** (90.32)	−123.4*** (89.08)	−55.02*** (89.02)
	Married	670.6*** (161.2)	695.7*** (161.3)	731.7*** (159.9)
	hukou	1 528*** (170.8)	1 478*** (164.1)	1 481*** (157.6)
健康特征	health	−185.7*** (53.97)	−186.1*** (53.25)	−177.0*** (53.74)
其他养老保险	OIP	88.75 (134.2)	21.61 (133.8)	8.182 (133.2)
家庭特征	children	7.110 (45.95)	11.03 (45.74)	7.677 (45.81)
	familynumber	−13.66 (58.03)	−21.63 (56.75)	−20.46 (56.94)
	livetogether	−154.5 (129.7)	−184.1 (125.8)	−218.4* (125.4)
	childstudy	1 636*** (593.3)	1 696*** (592.6)	1 758*** (595.4)
经济特征	income	93.42* (52.37)	131.0** (51.17)	184.1*** (54.77)

（续表）

	解释变量	劳动供给模型		
		参　加	领　取	待遇水平
经济特征	asset	−2.384*** (0.891)	−2.452*** (0.903)	−2.396*** (0.875)
	debt	32.60 (34.59)	27.86 (33.18)	25.29 (32.77)
	fpasupport	−931.0* (539.3)	−903.8* (506.6)	−882.8* (468.6)
	topasupport	700.3 (496.8)	642.3 (490.7)	701.9 (498.3)
	fchildsupport	−98.64** (66.49)	−94.87** (63.54)	−91.26** (63.14)
	tochildsupport	50.47 (42.73)	54.06 (42.61)	59.04 (48.76)
	_cons	5 459*** (794.6)	5 347*** (781.3)	4 923*** (778.6)
	Pseudo R^2	0.11	0.12	0.13
	Observations	1 846	1 871	1 871

注：① *** $p<0.01$， ** $p<0.05$， * $p<0.1$；②括号中为稳健标准误；③估计结果为边际效应。

2. 新农保对农村老年人劳动供给影响的实证分析

由于农村老年人大多会从事与农业相关的劳动，所以为了更清晰地探讨新农保的劳动供给效应，本文在劳动参与模型中具体从总劳动参与率、农业劳动参与率、非农劳动参与率三个角度分析老年人劳动参与率状况，在劳动供给模型中具体从总劳动供给时间、农业劳动供给时间、非农劳动供给时间三个角度分析老年人劳动供给时间状况。控制个人特征变量、健康特征变量、其他养老保险参与变量、家庭特征变量、经济特征变量等解释变量，重点关注新型农村社会养老保险变量对农村老年人劳动参与率的影响，其中新型农村社会养老保险变量从参加、领取和养老金待遇水平三个角度着手分析。

(1) 新农保对农村老年人劳动参与率影响的实证分析。

① 参加新农保对农村老年人劳动参与率影响的实证分析。

表5中Probit回归结果显示，在1%的显著性水平下，参加新农保对农村老年人总劳动参与率和农业劳动参与率存在正向影响，说明参加新农保的农村老年人更倾向于提高总劳动参与率和农业劳动参与率。从边际效应看，参加新农保将促使农村老年人总劳动参与率提高9.5%，农业劳动参与率提高10.3%，可以看出，参加新农保对老年人农业劳动参与率的影响更为显著。而参加新农保对老年人非农劳动参与率的影响并不显著，说明参加新农保并不足以改变农村老年人非农劳动参与决策。控制变量对农村老年人劳动参与率影响的估计结果与大多数研究成果和经验相似，性别、年龄、婚姻状况、健康状况、有正在上学的子女、家庭人均年收入、家庭人均资产、父母和子女给予的经济支持是影响老年人劳动参与率的重要因素。

② 领取新农保及养老金待遇对农村老年人劳动参与率影响的实证分析。

表5 新农保参与的劳动参与模型Probit回归结果

	解释变量	劳动参与模型		
		总劳动参与(LP)	农业劳动参与(ALP)	非农劳动参与(NALP)
新农保参与	NRIP	0.095*** (0.025)	0.103*** (0.024)	−0.002 (0.019)
个人特征	gender	0.164*** (0.021)	0.099 2*** (0.021)	0.085 1*** (0.017)
	age	−0.026*** (0.002)	−0.021*** (0.002)	−0.010*** (0.001)
	edu	−0.009 (0.026)	−0.007 (0.026)	0.007 (0.016)
	Married	0.115*** (0.027)	0.114*** (0.026)	0.016 9 (0.021)

（续表）

	解释变量	劳动参与模型		
		总劳动参与（LP）	农业劳动参与（ALP）	非农劳动参与（NALP）
健康特征	health	−0.057*** (0.010)	−0.044*** (0.010)	−0.024*** (0.006)
其他养老保险参与	OIP	0.011 (0.034 7)	−0.008 (0.034 7)	0.044 (0.032 8)
家庭特征	children	−0.004 (0.008)	0.004 (0.007)	−0.017*** (0.006)
	familynumber	−0.013 3 (0.009)	0.002 (0.009)	−0.014 6* (0.008)
	livetogether	−0.045 5** (0.022)	−0.037* (0.021)	0.002 (0.016)
	childstudy	0.221* (0.125)	0.209** (0.095)	0.034 7 (0.066)
经济特征	income	0.001 (0.009)	−0.038 4** (0.016)	0.023 7** (0.011)
	asset	−0.000 7** (0.000 4)	−0.001 1** (0.000 5)	3.58e−06 (0.000 2)
	debt	−0.003 (0.006)	−0.002 (0.006)	−0.000 5 (0.003)
	fpasupport	0.676 (0.420)	−0.130 (0.354)	0.241 (0.192)
	topasupport	−0.041 (0.169)	0.173 (0.162)	0.027 (0.088)
	fchildsupport	−0.034 2*** (0.011)	−0.037 9*** (0.012)	0.002 (0.008)
	tochildsupport	0.044* (0.023)	0.008 (0.009)	0.015 7** (0.007)
	Pseudo R^2	0.15	0.10	0.11
	Observations	3 452	3 452	3 452

注：① *** $p<0.01$，** $p<0.05$，* $p<0.1$；②括号中为稳健标准误；③估计结果为边际效应。

表 6　领取新农保及养老金待遇水平的劳动参与模型 Probit 回归结果

	解释变量	总劳动参与模型		农业劳动参与模型		非农劳动参与模型	
		领　取	待遇水平	领　取	待遇水平	领　取	待遇水平
新农保	NRIR	0.088*** (0.023)		0.087*** (0.022)		0.007 (0.016)	
	NRIPEN		−0.026 (0.091)		0.005 (0.081)		−0.015 (0.040)
个人特征	gender	0.164*** (0.021)	0.164*** (0.021)	0.099*** (0.021)	0.100*** (0.021)	0.085*** (0.017)	0.085*** (0.017)
	age	−0.026*** (0.002)	−0.025*** (0.002)	−0.021*** (0.002)	−0.021*** (0.002)	−0.010*** (0.001)	−0.010*** (0.001)
	edu	−0.006 (0.03)	−0.005 (0.025)	−0.004 (0.026)	−0.004 (0.025)	0.007 (0.016)	0.007 (0.016)
	Married	0.113*** (0.027)	0.115*** (0.027)	0.112*** (0.026)	0.113*** (0.026)	0.017 (0.021)	0.017 (0.021)
健康特征	health	−0.056*** (0.01)	−0.056*** (0.010)	−0.044*** (0.010)	−0.043*** (0.010)	−0.024*** (0.006)	−0.024*** (0.006)
其他养老保险参与	OIP	0.009 (0.035)	−0.028 (0.034)	−0.014 (0.035)	−0.051 (0.034)	0.049 (0.033)	0.045 (0.030)
家庭特征	children	−0.004 (0.008)	−0.003 (0.007)	0.004 (0.007)	0.006 (0.007)	−0.017*** (0.006)	−0.017*** (0.006)
	familynumber	−0.013 (0.009)	−0.014 (0.009)	0.001 (0.009)	−0.001 (0.010)	−0.015* (0.008)	−0.015* (0.007)
	livetogether	−0.045** (0.021 7)	−0.046** (0.022)	−0.037* (0.021)	−0.037* (0.021)	0.002 (0.016)	0.001 (0.016)

（续表）

	解释变量	总劳动参与模型		农业劳动参与模型		非农劳动参与模型	
		领　取	待遇水平	领　取	待遇水平	领　取	待遇水平
家庭特征	childstudy	0.220 * (0.126)	0.224 * (0.124)	0.208 ** (0.097)	0.211 ** (0.096)	0.035 (0.066)	0.034 (0.066)
经济特征	income	0.000 7 (0.009)	0.003 (0.009)	−0.038 ** (0.016)	−0.037 ** (0.016)	0.024 ** (0.011)	0.024 ** (0.011)
	asset	−0.001 ** (0.000 4)	−0.001 ** (0.000 4)	−0.001 ** (0.001)	−0.001 ** (0.000 5)	3.88e−06 (0.000 2)	2.73e−06 (0.000 2)
	debt	−0.003 (0.006)	−0.004 (0.006)	−0.001 5 (0.005)	−0.003 (0.005)	−0.000 5 (0.003)	−0.000 5 (0.003)
	fpasupport	0.722 * (0.433)	0.717 (0.455)	−0.119 (0.354)	−0.119 (0.364)	0.241 (0.193)	0.240 (0.192)
	topasupport	−0.017 (0.170)	−0.034 (0.168)	0.195 (0.162)	0.176 (0.16)	0.028 (0.089)	0.028 (0.088)
	fchildsupport	−0.034 *** (0.011)	−0.035 *** (0.012)	−0.038 *** (0.012)	−0.039 *** (0.012)	0.002 (0.008)	0.002 (0.008)
	tochildsupport	0.042 * (0.023)	0.042 * (0.023)	0.007 (0.009)	0.008 (0.009)	0.016 ** (0.007)	0.016 ** (0.007)
	_cons	0.15 3 452	0.14 3 452	0.10 3 452	0.09 3 452	0.11 3 452	0.11 3 452
	Pseudo R^2 Observations	0.02 3 452	0.02 3 452	0.01 3 452	0.01 3 452	0.03 3 452	0.03 3 452

注：① *** $p<0.01$，** $p<0.05$，* $p<0.1$；②括号中为稳健标准误；③估计结果为边际效应。

表6中Probit回归结果显示，在1%的显著性水平下，领取新农保养老金对农村老年人总劳动参与率和农业劳动参与率存在正向影响，说明领取新农保的农村老年人更倾向于提高总劳动参与率和农业劳动参与率。从边际效应看，领取新农保将促使农村老年人总劳动参与率提高8.8%，农业劳动参与率提高8.7%。而领取新农保养老金对老年人非农劳动参与率影响不显著。此外，新农保养老金待遇变量在劳动参与模型中均不显著，说明当前新农保养老金待遇并不足以改变农村老年人的劳动参与决策。控制变量中性别、年龄、婚姻状况、健康状况、是否与子女同住、有正在上学的子女、家庭人均资产和子女的经济往来是影响农村老年人劳动参与率的重要因素。

(2) 新农保对农村老年人劳动供给时间影响的实证分析。

在控制个人特征变量、健康特征变量、其他养老保险参与变量、家庭特征变量、经济特征变量等解释变量的情况下，重点关注新型农村社会养老保险变量对农村老年人劳动供给时间的影响，其中新型农村社会养老保险变量从参加、领取和养老金待遇水平三个角度着手分析。

① 参加新农保对农村老年人劳动供给时间影响的实证分析。

表7中Tobit回归结果显示，参加新农保对农村老年人总劳动供给时间和农业劳动时间具有显著的正向影响，也就是说参加新农保更倾向于激励农村老年人增加总劳动供给时间和农业劳动供给时间。从Tobit模型估计的边际效应来看，参加新农保将促使农村老年人总劳动供给时间增加181.3个小时，农业劳动供给时间增加257个小时，可以看出农村老年人参加新农保对其农业劳动供给时间影响更为显著。然而参加新农保对农村老年人非农劳动供给时间的影响并不显著，也就是说农村老年人并不会因为参加新农保而显著改变其非农劳动供给时间。控制变量对老年人总劳动供给时间影响的估计结果与大多数研究成果和经验相似，性别、年龄、婚姻状况、健康状况、子女和父母给予的经济

支持等解释变量是影响农村老年人总劳动供给时间决策的重要因素。

表 7　参加新农保的劳动供给模型 Tobit 回归结果

	解释变量	劳动供给模型		
		总劳动供给 (LS)	农业劳动供给 (ALS)	非农劳动供给 (NALS)
新农保参与	NRIP	181.3**	257.0***	−99.92
		(83.52)	(66.70)	(255.0)
个人特征	gender	555.3***	310.7***	1 091***
		(74.93)	(57.48)	(231.7)
	age	−74.79***	−54.15***	−124.3***
		(6.324)	(5.376)	(21.63)
	edu	−77.25	−98.22	115.4
		(76.02)	(61.12)	(214.7)
	Married	470.0***	409.7***	322.4
		(94.28)	(78.49)	(314.1)
健康特征	health	−150.2***	−105.5***	−283.4***
		(30.47)	(26.47)	(86.31)
其他养老保险参与	OIP	−83.83	−157.4*	460.4
		(117.0)	(91.06)	(359.5)
家庭特征	children	−37.46	6.414	−224.9**
		(25.93)	(21.15)	(87.69)
	familynumber	−47.02	18.93	−225.1**
		(34.83)	(25.57)	(112.7)
	livetogether	−110.5	−83.60	−9.976
		(69.84)	(57.56)	(208.4)
	childstudy	296.4	543.8*	563.2
		(409.8)	(317.7)	(721.0)
经济特征	income	69.91	−104.4**	314.8***
		(46.61)	(49.20)	(120.5)
	asset	−1.605	−2.669	−0.112
		(1.348)	(2.054)	(1.987)

（续表）

	解释变量	劳动供给模型		
		总劳动供给（LS）	农业劳动供给（ALS）	非农劳动供给（NALS）
经济特征	debt	12.79	9.134	8.049
		(23.62)	(18.28)	(42.11)
	fpasupport	1 483***	236.8	2 412
		(408.9)	(1 143)	(1 517)
	topasupport	−530.2	35.14	−537.2
		(411.7)	(350.4)	(999.9)
	fchildsupport	−73.23	−124.3***	71.43
		(55.24)	(40.67)	(124.0)
	tochildsupport	45.77**	14.47	109.6***
		(21.56)	(19.08)	(38.17)
	_cons	5 625***	3 648***	6 583***
		(464.5)	(395.4)	(1 535)
	Pseudo R^2	0.02	0.01	0.03
	Observations	3 452	3 452	3 452

注：① *** $p<0.01$，** $p<0.05$，* $p<0.1$；②括号中为稳健标准误；③估计结果为边际效应。

② 领取新农保及养老金待遇对农村老年人劳动供给时间影响的实证分析。

表 8 中 Tobit 回归结果显示，在 1%的显著性水平下，领取新农保对农村老年人总劳动供给时间和农业劳动劳动供给时间存在正向激励，说明领取新农保的农村老年人更倾向于提高总劳动供给时间和农业劳动供给时间。从边际效应看，领取新农保将促使农村老年人总劳动供给时间提高 189.2 个小时，农业劳动供给时间提高 215.8 个小时，可以看出农村老年人领取新农保对其农业劳动供给时间影响更为显著。而领取新农保养老金对老年人非农劳动参与率影响不显著，也就是说农村老年人并不会因为参加新农保而显著改变其非农劳动供给时间。此外，新农保养老金待遇变量在劳动供

表 8　领取新农保及待遇水平的劳动供给模型 Tobit 回归结果

	解释变量	总劳动供给模型		农业劳动供给模型		非农劳动供给模型	
		领　取	待遇水平	领　取	待遇水平	领　取	待遇水平
领取新农保	NRIR	189.2*** (72.57)		215.8*** (59.90)		43.37 (218.1)	
养老金待遇	NRIPEN		−250.1 (225.6)		−102.7 (193.6)		−292.0 (503.9)
个人特征	gender	554.1*** (74.83)	556.7*** (74.77)	310.5*** (57.57)	315.6*** (57.38)	1 088*** (232.1)	1 086*** (233.3)
	age	−76.31*** (6.266)	−74.41*** (6.348)	−55.96*** (5.410)	−54.41*** (5.423)	−124.9*** (21.21)	−123.7*** (21.79)
	edu	−70.63 (75.57)	−72.40 (75.57)	−89.69 (61.34)	−94.51 (60.83)	111.5 (213.1)	113.6 (212.7)
	Married	465.4*** (94.23)	469.4*** (94.68)	404.0*** (78.56)	407.1*** (78.89)	324.4 (314.7)	327.2 (314.0)
健康特征	health	−150.4*** (30.50)	−149.2*** (30.61)	−105.3*** (26.52)	−103.6*** (26.63)	−285.0*** (86.34)	−285.5*** (86.30)
其他养老保险参与	OIP	−79.23 (115.7)	−164.2 (111.4)	−173.8* (91.00)	−269.5*** (87.97)	522.1 (352.8)	498.8 (331.6)
家庭特征	children	−37.80 (25.92)	−37.02 (25.85)	6.618 (21.15)	9.155 (21.13)	−227.3*** (87.56)	−228.6*** (87.28)
	familynumber	−45.42 (34.70)	−47.28 (35.04)	20.56 (25.59)	17.77 (25.54)	−224.5** (111.9)	−224.7** (112.5)
	livetogether	−111.2 (69.79)	−113.9 (69.81)	−85.05 (57.59)	−87.70 (57.61)	−7.134 (208.4)	−10.42 (208.0)

（续表）

	解释变量	总劳动供给模型		农业劳动供给模型		非农劳动供给模型	
		领　取	待遇水平	领　取	待遇水平	领　取	待遇水平
家庭特征	childstudy	292.1	305.9	542.3*	553.0*	564.3	559.3
		(412.7)	(412.9)	(320.4)	(321.4)	(720.2)	(720.0)
经济特征	income	69.28	74.44	−104.6**	−98.67**	313.3***	315.3***
		(46.57)	(47.03)	(49.32)	(48.46)	(120.8)	(121.5)
	asset	−1.605	−1.636	−2.649	−2.703	−0.118	−0.130
		(1.339)	(1.366)	(2.015)	(2.011)	(1.972)	(1.988)
	debt	13.69	11.32	9.778	7.104	8.897	8.279
		(23.87)	(24.26)	(18.67)	(18.71)	(41.91)	(41.95)
	fpasupport	1 489***	1 469***	261.8	272.3	2 428	2 396
		(384.0)	(407.5)	(1 144)	(1 193)	(1 538)	(1 533)
	to Pasupport	−493.5	−509.4	79.26	48.75	−530.2	−504.2
		(410.0)	(415.3)	(347.7)	(351.7)	(1 000)	(1 002)
	fchildsupport	−73.91	−74.41	−125.7***	−127.3***	71.64	71.81
		(55.12)	(55.98)	(40.78)	(41.04)	(123.1)	(123.4)
	tochildsupport	44.06**	46.29**	12.61	15.07	108.5***	108.6***
		(21.67)	(21.62)	(19.25)	(19.15)	(38.17)	(38.38)
	_cons	5 732***	5 751***	3 811***	3 859***	6 532***	6 509***
		(452.4)	(451.0)	(392.1)	(391.9)	(1 484)	(1 488)
	Pseudo R^2	0.02	0.02	0.01	0.01	0.03	0.03
	Observations	3 452	3 452	3 452	3 452	3 452	3 452

注：① *** $p<0.01$，** $p<0.05$，* $p<0.1$；②括号中为稳健标准误；③估计结果为边际效应。

给模型中均不显著，说明当前新农保养老金待遇并不足以改变农村老年人的劳动供给时间决策。控制变量对农村老年人总劳动供给时间影响的估计结果与大多数研究成果和经验相似，其中性别、年龄、婚姻状况、健康状况、父母给予的经济支持、给予子女的经济支持等解释变量是影响农村老年人总劳动供给时间决策的重要因素。

3. 城居保对老年人劳动供给影响的实证分析

在控制个人特征变量、健康特征变量、其他养老保险参与变量、家庭特征变量、经济特征变量等解释变量的情况下，重点关注城镇居民社会养老保险变量对城镇未就业居民劳动参与率的影响，其中新型农村社会养老保险变量从参加、领取和养老金待遇水平三个角度着手分析。

(1) 城居保对老年人劳动参与率影响的实证分析。

表 9 中 Tobit 回归结果显示，在 10%的显著性水平下，城居保这一重点关注的解释变量对老年人劳动参与具有显著的正向激励效应。从边际效应来看，城居保更倾向于增加老年人的劳动参与率，其中在 1%的显著性水平下参加城居保将促使老年人的劳动参与率增加 13.4%，在 5%的显著性水平下领取城居保养老金将促使老年人的劳动参与率增加 14%，在 10%的显著性水平下养老金收入每增加一万元将促使老年人劳动参与率增加 4.45%。从以上数据可以看出，在老年人劳动参与率方面，当前养老金收入比预期养老金收入表现出更强的替代效应，这是因为当前城居保养老金待遇水平较低，并不能满足城镇居民的预期收入水平。控制变量对老年人劳动参与率影响的估计结果与大多数研究成果和经验相似，性别、年龄、婚姻状况、子女数量、有正在上学的子女是影响老年人劳动参与率的重要因素。

(2) 城居保对老年人劳动供给时间影响的实证分析。

表 10 中 Tobit 回归结果显示，在 5%的显著性水平下，城居保对老年人劳动供给时间具有显著的正向激励效应。从回归结果来看，城镇居民社会养老保险更倾向于激励老年人增加劳动供给时

表 9　城镇居民社会养老保险的劳动参与模型 Tobit 估计结果

	解释变量	劳动参与模型		
		参　加	领　取	待遇水平
城居保	URIP	0.134*** (0.051)		
	URIR		0.140** (0.055)	
	URIPEN			0.044 5* (0.027)
个人特征	gender	0.116*** (0.038)	0.121*** (0.038)	0.106*** (0.037)
	age	−0.016 8*** (0.003)	−0.017 3*** (0.003)	−0.017 3*** (0.003 2)
	edu	−0.018 7 (0.020)	−0.019 8 (0.020)	−0.025 8 (0.020 1)
	Married	0.084 6** (0.040)	0.081 2** (0.039 9)	0.071 8* (0.040 1)
健康特征	health	−0.008 49 (0.015 9)	−0.009 98 (0.016 0)	−0.008 92 (0.015 6)
其他养老保险参与	OIP	0.093 6 (0.061 3)	0.090 5 (0.061 1)	0.078 4 (0.060 6)
家庭特征	children	0.027 2* (0.014 6)	0.027 8* (0.014 7)	0.033 8** (0.014 7)
	familynumber	−0.005 14 (0.021 9)	−0.003 99 (0.021 7)	−0.003 53 (0.021 4)
	livetogether	−0.010 (0.040 1)	−0.009 (0.040 2)	−0.009 94 (0.039 7)
	childstudy	0.162*** (0.023 2)	0.163*** (0.022 9)	0.164*** (0.023 1)

(续表)

	解释变量	劳动参与模型		
		参　加	领　取	待遇水平
经济特征	income	0.012 9 (0.011 8)	0.013 0 (0.011 9)	0.013 8 (0.011 9)
	asset	−0.000 457* (0.000 3)	−0.000 424 (0.000 267)	−0.000 433 (0.000 265)
	debt	0.009 03 (0.007)	0.008 67 (0.007)	0.008 90 (0.007)
	fpasupport	−0.160 (0.113)	−0.167 (0.112)	−0.163 (0.117)
	topasupport	0.218 (0.170)	0.208 (0.172)	0.233 (0.171)
	fchildsupport	0.007 8 (0.007)	0.008 3 (0.007)	0.008 7 (0.007)
	tochildsupport	−0.001 (0.006 32)	−0.001 4 (0.006 35)	−0.002 (0.006 05)
	Pseudo R^2	0.20	0.19	0.18
	Observations	485	485	485

注:① *** $p<0.01$, ** $p<0.05$, * $p<0.1$;②括号中为稳健标准误;③估计结果为边际效应。

间,其中参加城居保将促使老年人增加 1 422 个小时劳动供给时间,领取城居保养老金将促使老年人增加 1 449 个小时劳动供给时间,养老金收入每提高一万元将促使老年人增加 590.5 个小时劳动供给时间。从以上数据可以看出,城居保对老年人劳动供给时间决策影响表现出更强的替代效应,且当前养老金收入替代效应大于预期养老金收入。控制变量对老年人劳动供给时间影响的估计结果与大多数研究成果和经验相似,性别、年龄、受教育水平、婚姻状况、有正在上学的子女、家庭人均年收入、给予父母的经济支持等解释变量是影响老年人劳动供给时间的重要因素。

表 10　城镇居民社会养老保险的劳动供给模型 Tobit 估计结果

	解释变量	劳动供给模型		
		参　加	领　取	待遇水平
城居保	URIP	1 422*** (377.4)		
	URIR		1 449*** (395.3)	
	URIPEN			590.5** (241.6)
个人特征	gender	1 031*** (340.7)	1 083*** (342.5)	913.7*** (342.5)
	age	−138.7*** (28.42)	−144.4*** (28.37)	−148.6*** (28.77)
	edu	−337.2* (199.4)	−350.5* (198.6)	−428.1** (197.0)
	Married	1 178** (522.6)	1 118** (520.2)	955.2* (519.1)
健康特征	health	−38.27 (158.0)	−59.50 (158.0)	−42.88 (151.9)
其他养老保险参与	OIP	577.0 (446.6)	532.0 (442.6)	441.0 (474.7)
家庭特征	children	127.0 (132.9)	132.9 (134.1)	218.9* (132.5)
	familynumber	−171.1 (223.2)	−153.7 (219.2)	−146.5 (219.5)
	livetogether	−147.3 (387.0)	−139.1 (385.6)	−135.3 (386.4)
	childstudy	1 572*** (1 189)	1 618*** (1 187)	1 632*** (1 197)
经济特征	income	210.7* (118.0)	214.2* (119.0)	211.8* (124.8)
	asset	−3.432 (2.846)	−3.037 (2.635)	−3.205 (2.649)

(续表)

	解释变量	劳动供给模型		
		参　加	领　取	待遇水平
经济特征	debt	89.23 (64.41)	84.41 (64.62)	86.52 (62.09)
	fpasupport	−668.5 (1 162)	−756.6 (1 143)	−699.9 (1 249)
	topasupport	3 251** (1 599)	3 103* (1 602)	3 458** (1 644)
	fchildsupport	−0.493 (48.15)	2.036 (44.32)	1.863 (43.08)
	tochildsupport	−70.61 (75.82)	−73.12 (76.22)	−82.07 (72.48)
	_cons	6 540*** (2 072)	7 021*** (2 055)	7 526*** (2 070)
	Pseudo R^2 Observations	0.05 468	0.05 468	0.05 468

注:① *** $p<0.01$, ** $p<0.05$, * $p<0.1$;②括号中为稳健标准误;③估计结果为边际效应。

五、研究结论与讨论

从实证分析结果来看,我国基本养老保险制度对老年人劳动供给决策存在显著影响,这对未来改革养老保险制度、保持劳动力市场良性运行、推动经济可持续发展具有重要政策启示。自养老保险制度重建以来,我国一直在探索完善养老保险体系,但政策制定者在改革养老保险时往往将关注重点放在养老保险福利保障功能和制度设计本身,而忽视了养老保险制度在经济系统中同样扮演着重要角色。适龄劳动人口劳动供给水平的持续下降势必会阻碍经济的快速增长,经济的低迷会增加公民对社会保障的需求,正处于快速发展阶段的养老保险制度在这种情况下更易于过度关注其福利保障功能和制度内部调整，养老保险负担将更加沉重。因此，未来养老保险制度改革不能仅着眼于提高最低缴费年限、延长法定退休年龄、完善基金保值增值、扩大覆盖面等内部调整，也要将其放置于整个经济系统中全局考虑，充分发挥其在经济方面的激励功能、在劳动力市场方面的协调功能，建立与劳动力市场相适应的养老保险制度，以应对当前劳动力市场变动问题。

此外，城职保与新农保、城居保对老年人的劳动供给决策影响差异显著，这从侧面反映了我国养老保险体系存在碎片化问题。其中，城职保均更倾向于激励老年人降低劳动参与率和劳动供给时间，表现出更强的收入效应，一方面是因为我国城职保养老金待遇水平较高，公务员群体平均养老金替代率最高，达到了 80%，企业职工退休人员平均养老金替代率也有 43%，较高水平的养老保险待遇促使老年人更早的退出劳动力市场或减少劳动供给时间；另一方面可能是因为参保职工在退休后，由于年龄和身体状况限制，难以重新进入劳动力市场，造成其劳动供给水平的下降。此外，法定退休年龄的存在也是城镇职工步入老年后劳动参与率下降的原因。而城居保和新农保总体上则更倾向于激励老年人增加劳动参与率和劳动供给时间，虽然实证分析结果显示城居保和新农保对老年人劳动供给存在显著的正向激励，但从经验上来看，城居保和新农保并不是老年人增加劳动供给的主要影响因素，甚至不足以改变其劳动供给决策。从养老金待遇水平角度分析，城居保和新农保养老金待遇水平都非常低，面对生活水平的提高和物价的上涨，当前养老金待遇并不能满足基本生活需要，也并不足以影响老年人劳动供给决策；从劳动性质角度来分析，农村老年人多从事农业劳动，由于农业劳动的特殊性和青年劳动力的外出务工，“无休止劳动”对于农村老年人来说是普遍存在的，无论是否有养老保险，他们都不会中断或大幅度减少劳动供给。城居保参保者与之类似；从法定退休年龄角度分析，由于新农保和城居保参保者属于自由劳动人群，这类群体并没有法定退休年龄一说，他们并不会因为步入老年而退出劳动力市场,城居保和新农保参保老年人的劳动供给时间也不会出现骤然下降。因此,当前城居保和新农保制度对老年人劳动供给决策影响甚微,并不足以改变其劳动供给时间。从以上城职保与新农保、城居保对老年人的劳动供给决策影响差异分析可以看出,我国现行养老保险制度发展并不平衡、不成熟,碎片化现象凸显,城职保养老金待遇水平较高致使老年人减少劳动供给时间,而低待遇的城居保和新农保养老金不足以改变老年人劳动供给决策,二者差异显著。因此,统筹城乡养老保险制度、制定适度的养老金待遇以调节不同人群收入差异对平衡、改变不同养老保险参保老年人的劳动供给水平具有重要作用,这也是养老保险制度改革的另一项重要内容。

因此,本文根据对实证结论进行讨论,提出了要建立与劳动力市场相适应的养老保障体系、统筹城乡养老保险制度、制定适度的养老金待遇等建议以应对当前劳动力市场变动问题。

参考文献

车翼:《养老金对劳动力供给的影响研究》,中国海洋大学,2007年。

程杰:《社会保障的劳动供给效应:研究进展与评述》,《劳动经济评论》2015年第2期。

郝磊:《人口老龄化背景下中老年劳动供给研究》,中央财经大学,2016年。

黄宏伟、展进涛、陈超:《"新农保"养老金收入对农村老年人劳动供给的影响》,《中国人口科学》2014年第2期。

李江一:《社会保障对城镇老年人劳动参与的影响——以原城镇居民社会养老保险为例》,《人口与经济》2018年第2期。

李莉:《养老金对劳动力供给的影响研究综述》,《财经科学》2005年第4期。

彭浩然:《基本养老保险制度对个人退休行为的激励程度研究》,《统计研究》2012年第9期。

解垩:《"新农保"对农村老年人劳动供给及福利的影响》,《财经研究》2015年第8期。

阳义南:《基本养老保险制度激励提前退休的实证研究》,《财贸研究》2013

年第 3 期。

曾湘泉:《劳动经济学》,复旦大学出版社 2017 年版。

张晓玲:《养老保险制度选择与劳动供给研究》,《经济问题》2012 年第 6 期。

中华人民共和国国家统计局:中华人民共和国国家统计局数据库,[DB/OL][2018-2-2],http://data.stats.gov.cn/easyquery.htm?cn=C01。

周云波、曹荣荣:《新农保对农村中老年人劳动供给行为的影响——基于 PSM-DID 方法的研究》,《人口与经济》2017 年第 5 期。

Bloom, D.E., D.Canning, G.Fink, and J.E.Finlay, 2008, "Demographic Change, Institutional Settings, and Labor Supply", PGDA Working Paper No.4208.

Boskin, Michael J. & Hurd, Michael D., 1978. "The effect of social security on early retirement," *Journal of Public Economics*, Elsevier, vol.10(3), pp.361—377, December.

Boskin, M.J., 1977, "Social Security and Retirement Decisions", NBER Working Paper No.107.

Diamond, R A and J.A.Hausman, 1984, "Individual Retirement And Savings Behavior", *Journal of Public Economics*, Vol.23, No.1—2, pp.81—114.

Giles, J., W.Dewen and C.Wei, 2011. "The labor supply and retirement behavior of China's older workers and elderly in comparative perspective." Policy Research Working Paper 5853, World Bank, Development Research Group.

Mitchell, O. and Fields, G., 1984. "The Economics of Retirement Behavior", *Journal of Labor Economics*, 2:84—105.

社区嵌入式养老服务网络模式探究：比较案例分析*

李雅然　赵德余**

［摘要］　为了应对老龄化带来的困境，弥补机构养老和居家养老的不足，社区嵌入式养老服务模式应运而生。社区嵌入式养老服务模式从功能上使“9073”中的三个板块有机衔接，实现了养老服务体系内的分层与融合，尽管这一模式还处于试点阶段，有待进一步完善，但它无疑代表了上海未来养老服务体系创新的方向。本文以上海市静安区社区嵌入养老服务机构Z机构和B机构为例，运用政策网络模型对所涉及的行动者及其之间的关系进行整体描述和比较，发现其存在的困难并尝试提出对策建议。

［关键词］　社区嵌入式养老；社区养老服务；政策网络结构

一、背　　景

上海作为最早进入老龄化且老龄化程度最深的城市，其发展将

* 本文是国家自然科学基金重大项目“代际均衡与多元共治——老龄社会的社会支持体系研究”（项目批准号：71490733）的阶段性研究成果。

** 李雅然，复旦大学社会发展与公共政策学院研究生。赵德余，复旦大学社会发展与公共政策学院教授。

长期与人口老龄化并存。2010年初步形成“90%家庭自我照顾、7%社区居家养老服务、3%机构养老”的“9073”养老服务格局,一定程度上缓解了上海养老压力,却依然面临着诸如传统养老模式无法适应人口老龄化的增长趋势、社会服务养老意识薄弱、机构养老一床难求且与亲人疏隔、社区养老资源发掘不足且从业人员整体水平较弱等困境。为尽快破解养老难题,上海一直以来致力于探索符合城市特点的养老服务供给模式。如何通过改造利用社区现有公共设施或闲置资源,提供嵌入式、多功能、小型化社区养老设施,为老人就近提供便利的专业化养老服务?社区嵌入式养老服务模式在此背景中应运而生。

社区嵌入式养老服务机构被称为“家门口微型养老院”,它跟机构养老的区别在于规模上可根据资源条件灵活掌握,地理位置上更加接近家庭,便于亲情互动;它丰富了社区养老功能,可以把机构的服务资源最大程度向社区辐射;它为居家养老提供多样化服务,包括膳食、洗涤、清洁 卫生、预防保健等都可以直接送到家里,让老人足不出户得到养老照顾,从而有效改善机构养老“一床难求”的局面。总的来看,社区嵌入式养老服务模式从功能上使“9073”中的三个板块有机衔接,实现了养老服务体系内的分层与融合,尽管这一模式还处于试点阶段,有待进一步完善,但它无疑代表了上海未来养老服务体系创新的方向。①

二、社区嵌入式养老服务网络结构:两家机构的案例描述

(一) 对上海市静安区Z机构的整体描述

基于对行动者及相互关系的分析,构建了如图1所示的网络结构模型。从图1中可见,在更高层级的政府部门确立了社区嵌入式

① 章萍:《嵌入式养老:上海养老服务模式创新研究》,《现代管理科学》2016年第6期。

养老的政策目标后,街道和SHY公司成为社区嵌入式养老的核心组织与实施者,Z机构则是该政策目标具体落实的服务提供者。该网络模型涉及街道、居委会、老年协会、第三方评估机构、SHY公司、Z机构、Y门诊部、周边老人、老人家属、周边居民和志愿者等行动主体。

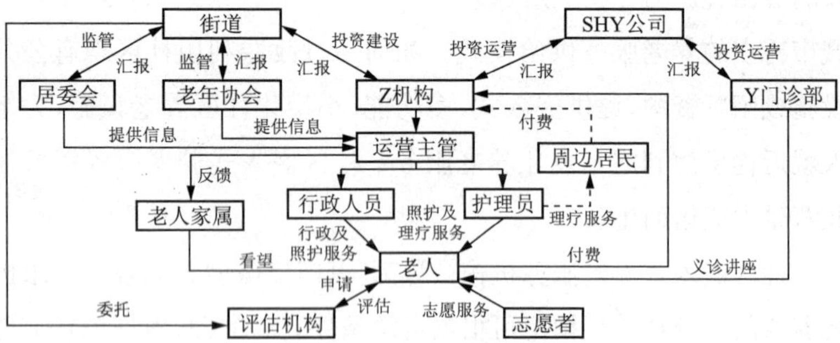

图1　Z机构网络模型

1. Z机构简介

上海市静安区Z路社区长者照护之家——Z机构位于上海静安区苏家巷内,由Z路街道出资改造,委托SHY运营管理。机构于2018年3月进行暖场宣传,6月1日正式营业,面向社区及周边60周岁以上、照护评估等级二级以上的长者,提供长期照护、喘息照护和日托三项服务。其中,内设19张长期照护床位、12个日托席位、书香吧、社区影院、心理咨询室、多功能活动厅和健康管理中心,服务内容包括专业护理、生活照护、健康管理、康复保健和社交娱乐等。长期照护收费标准约4 000—5 900元不等,含床位费、护理费和餐费,入住周期一般不超过6个月;喘息照护230元/天,含床位费、护理费和餐费,入住周期为1—14天;日托400元/月,餐费另计。截至2018年底已入住10位老人,且多位护理等级4—5级的失智老人。

Z机构内设运营主管1名、行政人员1名和护理员4名。运营主管全面统筹机构内各项工作,包括机构内工作人员管理、入住老人照护管理、对外联络、接待来访参观等，直接对 SHY 公司运营总监负责；行政人员除机构内日常行政事务外也负责入住老人的日常照护；护理员则主要负责入住老人日常照护，包括助餐、助浴、康复训练指导等。

2. Z 机构与外部行动者之间的关系

Z 机构由 Z 路街道投资建设，定期向街道汇报，街道除提供改建后的社区场地、运营过程中水电煤费用外，还对床位建设、护理员等工作人员进行补贴。附近居委会每月定期举办讲座、便民服务日等活动，Z 机构工作人员（通常指运营主管）提前与其联系，到社区内对长者照护之家进行广泛的推广。社区内老年协会每月定期举办敬老活动，且拥有较全面的辖区内老年人信息，比如孤老、低保等，这些信息使得 Z 机构工作人员可以有针对性的向潜在入住群体进行推销，提升 Z 机构的知名度和入住率。

SHY 公司与 Z 路街道签订委托管理协议，负责 Z 机构的运营管理，除政府补贴外，机构内工作人员的薪酬由 SHY 公司支付，自负盈亏，工作人员均隶属于 SHY 公司。由 SHY 公司联合投资成立的 Y 门诊部定期为机构入驻老人提供上门义诊服务和讲座，平日也提供远程医疗。

社区及周边 60 周岁以上老人可向由街道委托的评估机构提出申请，评估机构将对老人的身体状况进行照护等级评估，二级以上可以入住。符合入住条件的老人根据自身需要和经济承受能力选择服务项目，机构根据老人的选择提供其所需要的服务项目，包括床位、助浴、助餐等，并为其提供免费的中医理疗和按摩保健服务。因 Z 机构嵌入于苏家巷小区之中，入住的通常为本社区或周边社区的老人，为家属看望提供便利，“看的话每天都有，早上买个菜弯过来一下，下午接个孩子再弯过来一下”①，迎合了入住老人及其家属的情感需求，家属也可以及时从工作人员处得到照护反馈。Z 机构

① Z 机构运营主管访谈。

也为家属和周边居民提供助餐、助浴等服务。不过由于没有助餐点和内设厨房，该项服务只有少数家属实际参与。周边居民更为感兴趣的是Z机构康复中心提供的中医理疗和按摩保健服务，因距离近、收费低于市场价格，康复中心受到周边居民的认同和喜爱。除此之外，志愿者也是网络中不可忽视的群体之一，来自学校、机关单位、银行企业的志愿者，定期来Z机构举办活动，为入住老人的日常生活增添色彩，不过由于Z机构开设时间短，还没有形成规模效应和集聚效应，目前来举办志愿活动的志愿者数量较少。

（二）对上海市静安区B机构的整体描述

从图2中可见，在更高层级的政府部门确立了社区嵌入式养老的政策目标后，SHY公司成为社区嵌入式养老的核心组织与实施者，B机构则是该政策目标的具体落实的服务提供者。该网络模型涉及民政部门、街道、居委会、第三方评估机构、SHY公司、B机构、Y门诊部、社区医院、周边老人、老人家属、周边居民和志愿者等行动主体。

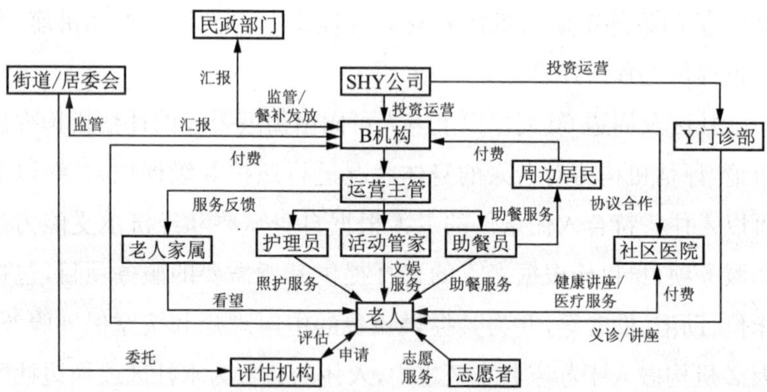

图2　B机构网络模型

1. B机构简介

B机构位于上海市静安区，是由SHY公司全资投资运营的民办非企业单位。机构于2018年6月1日正式营业，面向社区及周边60周岁以上的老人,提供短期托养、喘息式照护、日托、助餐等服务。其中,内设27张照护床位,包括单人间、双人间及三人间,日间照护中心和有独立厨房的助餐点,服务内容包括生活照护、健康护理、文化休闲、社区助餐等。护理费根据照护等级不同为每月800元至2 100元不等,床位费根据空间和朝向收取,总费用最低每月3 680元。截至2018年底已入住23位老人,其中照护等级1—3级的18位,4级的5位。

B机构内设运营主管1名、护理员6名、助餐员3名和活动管家1名。运营主管全面统筹机构内各项工作,直接对SHY公司运营总监负责;护理员主要负责入住老人的日常照护工作,薪酬与照护老人的等级呈正相关,月薪4 000—6 000元不等,做1休1,且公司会定期对护理员进行统一培训以提升其服务水平;助餐员主要负责B机构内的助餐服务;活动管家主要负责为入住老人举办文娱活动。

2. B机构与外部行动者之间的关系

作为有独立法人资质的民办非企业单位,B机构受民政部门管辖,且因其内设助餐点,也受到街道和居委会的监管,定期向其汇报材料,缴纳水电煤费用以及领取助餐补贴,助餐补贴标准为每人每餐2元。

B机构由SHY公司全资投资运营,自负盈亏,且由SHY公司联合投资的Y门诊部每月一次派医生为入住老人进行义诊和举办讲座,平日可提供远程医疗。但由于地理上与Y门诊部相隔较远,门诊部对B机构的辐射能力较弱,机构与附近的B路社区医院签订合作协议,B路医院每周来为机构老人提供义诊和讲座,老人所需的常用药也常去B路医院配备。也有老人有自己指定的其他医院,仅需要护理员陪医即可。

社区及周边60周岁以上老人在经由街道委托的第三方评估机构评估照护等级后,可根据评估情况和自身需要申请入住、缴纳费用,机构根据老人的选择提供其所需要的服务项目,包括床位、助浴、助餐等。由于地理位置优越,家属看望方便,基本上每个老人每周都会有两三个家属来看望,同时与机构保持顺畅沟通,及时了解老人的情况,接受机构反馈,根据需求对机构提出改进意见。B机构由于内设独立厨房,拥有社区助餐点,对周围居民有较强的集聚效应,根据每餐16元的标准收费,是众多社区嵌入机构中极少数能保本微利的机构。正是由于助餐点的辐射作用,周边居民对Z机构的知晓程度较高,也吸引了许多来自不同单位的志愿者定期来访,例如银行、学校等,积极提供为老人活动。

三、两家机构的网络结构与行为比较分析

Z机构和B机构都是老龄化背景下催生的社区嵌入式养老服务机构,适应了养老服务业多层次、多样化发展的要求。基于对两家机构的整体描述,其网络结构与行为比较可以从投资结构、内部治理结构、外部治理结构以及服务范围四个方面进行分析。

表1　两家机构对比

	Z机构	B机构
投资结构	街道投资建设 SHY公司投资运营	SHY公司投资建设和运营
内部治理结构	运营主管 行政人员 护理员	运营主管 护理员 活动管家 助餐员
外部关系结构	街道、居委会、老年协会、老人、老人家属、评估机构、志愿者、周边居民、Y门诊部	民政部门、街道/居委会、老人、老人家属、评估机构、志愿者、周边居民、Y门诊部、社区医院
服务对象和内容	对象:面向社区内及周边60周岁以上、照护评估等级二级以上的长者 内容:长期照护、喘息照护、日托	对象:面向社区内及周边60周岁以上长者 内容:长期照护、喘息照护、日托、助餐、文娱活动

(一) 投资结构

Z 机构是由街道投资建设，委托 SHY 公司运营，其中，管理人员和机构服务人员工资由 SHY 公司支付，属于公办民营机构。B 机构由 SHY 公司独立投资建设和运营，属于民办民营机构，享有政策优惠和补贴。

公办民营可以减少企业投资压力，吸引更多企业投资并且将重心放到服务水平提升上来，但同时，公办条框较多，某些时候可能会受限。比如 Z 机构，“这边有硬伤，四人间，现在的老人喜欢住单人间或者双人间，双人间的话我这边已经满了，很多都是老夫妻想过来住，两对夫妻肯定也是不方便住四人间，隔一下就会好很多，但街道也不允许。”①民办民营则需要企业在前期基础设施投资上一次性投入较大成本，对企业实力要求较高，但机构在床位设置、服务范围和活动设计等方面灵活自主性较强，由 SHY 公司投资运营的 B 机构营业半年便已达到收支平衡。

(二) 内部治理结构

Z 机构和 B 机构内都设有运营主管和护理员，运营主管统筹管理机构运营并负责对外联络，护理员主要是对经评估机构鉴定的不同护理等级的老人进行日常生活照料。除共同的人员设置外，Z 机构设行政人员一名，协助运营主管处理机构内日常行政事务，同时也参与对入住老人的日常照护，角色灵活机动；B 机构因拥有社区助餐点，在人员设置上增加了 3 名助餐员专门负责机构内老人和周边居民的助餐服务，另外还设置了 1 名活动管家，负责机构内文娱活动策划和实施以丰富全托老人在机构内的空闲时间。

总体来说，在内部治理结构上，两家机构人员构成相似程度较高，管理相对扁平，其他工作人员都直接对运营主管负责，精简信息传递流程，机构运转效率较高。

---

① Z 机构运营主管访谈。

(三) 外部治理结构

由于两家机构同属 SHY 公司运营管理,在外部资源链接上呈现较高程度的一致性,都与街道、居委会、老人、老人家属、评估机构、志愿者、周边居民和 Y 门诊部相互联系。

B 机构拥有社区助餐点,需要每月根据用餐人数和用餐次数向民政部门申请助餐补贴,民政部门依法对其助餐质量和人次进行监督管理,符合标准的按规定发放助餐补贴。另外,由于 B 机构离 Y 门诊部地理距离较远,Y 门诊部除每月例行的讲座和义诊外,未能对 B 机构进行很好的辐射。为了解决机构内老人的就医需求,机构与附近的社区医院协议合作,社区医院定期为老人举办健康知识讲座并优先为机构入住老人提供付费医疗服务。

(四) 服务范围

在服务对象上,两家机构都面向社区或周边 60 周岁以上的老年人,但 Z 机构对老年人的照护评估等级有要求,需在二级以上,B 机构则无此要求。目前,B 机构入住的 23 名老人中,包含了从 1 到 4 级不同照护等级的老人,而 Z 机构入住的 10 名都是 4 级以上失智老人。从实际情况来看,“Z 机构已经形成一个专业的定向的,专门是针对老年认知症障碍的老年人的养老机构,这个机构所住的人通通都是认知症障碍的老年人,这样它就有路径依赖了,它接下来还剩的床位就只有这个认知障碍的人才会进去,其他正常的人他不愿意进去了,文化和氛围已经自我定位了。它的安全性要求高了,风险要求高了,各个方面的考虑都不一样了,这时候你在整体统一配套的时候,就有难度了。”①

在服务内容上,两家机构都拥有长期照护、喘息照护和日托服务,具体主要包括专业护理、生活照护、健康管理、康复保健等。Z 机构实际入住老人多为四级以上失智老人,不具备开展文娱活动的

---

① Y 门诊部经理访谈。

条件。针对入住老人特点,机构为其免费提供中医理疗和按摩保健服务,在受到好评之后还将服务范围扩展到周边居民。该服务因价格低、离家近受到部分居民的喜爱,一定程度上扩展了机构收入来源。

但是由于没有助餐点和内设厨房,仅靠康复保健这类非刚性需求难以聚集人气。有助餐点的B机构辐射效应明显大于没有助餐点的Z机构。"综合为老服务中心它的生存能力很大程度上要跟这个助餐点结合起来,这里是孤立的,没有产生集聚效应,在网络上没有集聚效应,有个助餐点通过集聚效应把很多人都吸引过来了,也有利于这里住满,不仅可以带来助餐收益,还能带来客户和宣传,而且其他理疗服务啊、体检服务啊都随之而来了,你这里就没有。"①"民以食为天嘛,好吃的就把大家都吸引过来了,这边就缺少了这个点。B路那边就是助餐,人气很旺。"②可见,有助餐点既能为机构创收,又能聚集人气,辐射周边,带来潜在客户。

四、社区嵌入式养老服务模式的成效与困难

社区嵌入式养老服务是上海立足本土实际,为老年人群提供就近照料服务的一种创新模式,通过四年多的试点实践可以看出,该模式既取得了显著的成效,也出现了一些不可忽视的问题。

(一) 成效

第一,机构规模小且易推广。嵌入社区的长者照护之家或综合为老服务中心依附社区内闲置空地或原有民房改建而成,规模小、易布点、灵活性高,充分利用社区闲置资源且对社区居民的日常生活影响弱。在政策推动和政府资金支持下,开设嵌入式养老服务机构成本较低,资金需求小,相应所需承担的风险小。同时,由于规模

①② Z机构运营主管访谈。

限制,管理模式相对扁平化,管理和运营难度较低,在做好服务质量和宣传后,可复制性强、易推广,容易打造连锁和品牌效应。

第二,满足老年人的精神赡养需求。与传统机构养老相比,社区嵌入式养老服务机构不仅满足了老年人的基本生活需求,也注重情感方面的需求。将机构嵌入到老人生活熟悉的社区之中,使老人能够在不离开熟悉人际关系和社区环境背景的情况下享受专业化的养老服务,既为老年人提供基本养老服务,也满足老年人家庭团聚的情感需求和保持原有社区关系的归属感,打通了老人的生活圈和养老圈。

第三,为居家养老提供支持。嵌入式养老机构利用嵌入社区的地理优势,可将其拥有的养老资源和专业服务直接辐射到家庭,为家庭在养老服务中发挥积极作用提供有力支撑和保障。居家养老是由子女或保姆提供的最基础的养老服务。一方面,家中子女多处于中年,工作日则无暇照顾老人在家中的饮食起居,社区嵌入式养老服务可为其提供日托、助餐、助浴等基本生活照料服务。另一方面,家庭所能照护的老年人范围有限,尤其是对于瘫痪、半自理、轻度失能老人的照料,居家养老难以满足,嵌入式养老服务机构中的专业人员可对居家养老进行功能上的补充。嵌入式养老机构入住的老人多为护理等级介于中度至重度之间,通过一段时间强化护理和康复,部分老人的健康状况得到改善,可以一定程度上生活自理甚至独立生活。如Z机构中所提供的热疗服务,长期获得服务的老人可从原先腿脚僵硬恢复至借助助步器缓慢行走;经过一段时间身体状况日趋严重无法得到改善的老人,能够在护理员的密切关注下,第一时间转入养老院或专业医疗机构。

(二)困境

第一,收支难平衡。社区嵌入式养老模式在使老人维系原有社区关系的同时获得了机构的专业照护服务。但对运营机构而言,由于床位数量少,靠床位费收入收回支出成本难度较大,难以发挥规模效应，机构运营成本高，运营收支平衡困难严重制约了机构的发展。这些机构目前主要靠政府补助以及与其他机构资源共享才得得以维持，社区嵌入式养老模式若想复制推广，如何拓展社区养老服务的可持续运作是关键。

第二，医养结合力度不足。从Z机构和B机构个案来看，养老与医疗相结合的力度很弱，绝大部分服务还是维持在日常生活照料的层面上，机构内没有内设医疗机构，不具有医护功能，通常都是由老人自己指定医院，机构人员陪医或与附近社区医院签订合作协议，但从实际调研情况来看，此类合作协议名存实亡。由SHY公司联合投资的Y门诊部，由于距离较远，除每月定期义诊外，与机构没有其他关联，辐射能力弱。

第三，社会认可度低。当前，社区嵌入式养老服务尚在发展初期，宣传了解不足，社会上仍存在着对养老机构的偏见，一方面存在着“希望有养老服务、但不要养老机构在身边”的邻避现象①，另一方面，由于成立之初所面临的用地紧张、资金不足、会污染社区环境、挤占社区公共设施，以及养老机构所难以避免的生老病死等问题。例如，广州白云区机构入驻时遭到了社区居民的强烈反对，客观上也加大了嵌入式养老项目落实的难度。

五、结论与对策建议

从上海市静安区两家机构的实践经验来看，总体上来说，社区嵌入式养老服务模式是行之有效的。这种模式在内容上，填补了社区照料在喘息服务、轻中度失能失智老人服务、专业护理服务等多方面的空白；在功能上，整合了传统机构养老和社区居家养老的优势，既提升了养老服务的专业性，又对居家养老提供有力支持；在效

① 朱勤皓：《上海社区嵌入式养老服务发展研究——新形势下老龄工作的探索与创新》，《科学发展》2017年第8期。

率上,充分发挥了社区零散土地资源的作用以及各项社区服务之间的集聚效应。当前,社区嵌入式养老模式尚在发展初期,面临着诸如收支难平衡、医养结合力度不足、社会认可度有待提高等问题,对于这些发展中的问题,从政府和企业两方面出发,尝试性的给出以下对策:

第一,政策先行、整合资源,构建协同推进机制。

政府在推进社区嵌入式养老过程中肩负主要责任。要明确嵌入式养老机构的准入门槛、服务标准、服务项目、考核评估,并以制度等形式确定成文,形成行业规范;要加大财政支持力度,通过减税、补贴、公共财政预算等方式,形成稳定的财政供应机制;还应建立一套综合评估与监督机制,确保工作的健康有序发展。

社区嵌入式养老服务作为一项系统工程,需要以政府为主导,市场运作的中介组织、具有服务优势的非营利组织和志愿者、具有机构优势的社区自治组织和能够提供资金注入的企业和慈善机构等行动者协同发展,整合各类养老服务设施、社区服务人员、政府购买服务、社区卫生服务等资源,实现社区嵌入养老服务社会化。

第二,拓展服务项目、提升服务质量,打造连锁品牌效应。

无论是在公办民营还是民办民营的社区养老服务机构中,企业作为政策目标的核心组织者和实施者,具有很强的灵活性。

在服务项目的拓展上,可以结合正在试行的长期护理保险中包含的 42 项护理服务,有针对性的丰富社区嵌入式服务产品的内容,为有需要或潜在需要的老年人提供更多的选择;也可以与社区合作,开展社区老年人需求调研,准确掌握其实际需求。比如,Z 机构为机构内老人和周边居民提供的中医理疗服务,深受好评。

在服务质量的提升上,在招聘环节严控应聘人员的职业素养,对持有职业资格证书者优先考虑;同时,对已有的养老护理员和相关工作人员进行有计划的定期培训,不断提升从业者的服务水平,根据其工作表现考核绩效并进行适当奖惩。

在保证服务项目丰富和服务质量过关的情况下,通过传统媒体和新媒体，结合线上线下，深入社区进行广泛宣传，通过开展各种社区活动吸引居民参与，例如开设健康知识讲座、邀请医生进社区义诊等，通过口碑效应加深居民对社区嵌入式养老的认知以及对社区嵌入式养老机构的认可。

参考文献

黄祺炜：《社区嵌入式养老机构社工参与的运作机制研究》，安徽大学，2018年。

李翔：《社会嵌入理论视角下城市社区居家养老问题研究》，《广西社会科学》2014年第4期。

谢红：《中国社区嵌入式复合养老服务模式构建》，《中国社会工作》2018年第5期。

章萍：《嵌入式养老：上海养老服务模式创新研究》，《现代管理科学》2016年第6期。

朱勤皓：《上海社区嵌入式养老服务发展研究——新形势下老龄工作的探索与创新》，《科学发展》2017年第8期。

商业旅游与中医药产业政策

迪士尼对上海商旅产业的影响研究

——基于手机信令大数据的分析

张伊娜　王征宇　沈　可　李苗裔*

[摘要] 城市旅游是随着经济发展和居民生活水平提高所产生的一种新的旅游业形态。本文选取上海迪士尼这样一个典型的现代旅游设施进行研究，利用 2017 年 6—11 月半年时间段（每个月选取第三周）的联通手机信令数据等，通过定量分析的方法，研究迪士尼的建成对上海商旅产业发展的影响。结果发现：迪士尼开园后，吸引了更多的外地游客，并延长游客在上海的停留时间；迪士尼的出现并没有压缩上海其他景点的发展空间，相反，给其他景点带来了新鲜的客流量，尤其周边一些大型主题公园和游乐场的受益更加明显。此外，迪士尼还带动了其周边地区住宿业和购物业的发展，给周边地区带来了大量的消费群体和直接收益。上海应把握迪士尼建设的契机，延长旅游产业链，带动本地乃至整个长三角地区的发展。

[关键词] 上海迪士尼；商旅效应；手机信令数据

* 张伊娜，女，复旦大学社会发展与公共政策学院副教授，博士，研究方向为人口行为大数据，电子邮件：zhangyina@fudan.edu.cn。王征宇，男，复旦大学社会发展与公共政策学院硕士研究生。沈可，男，中国联通上海分公司副总经理。李苗裔，男，福州大学建筑学院教授。

一、引言:旅游与城市

在现代社会下,旅游已经越来越成为日常生活中一个不可缺少的部分。根据世界旅游理事会(WTTC)统计数据,2015年世界旅游业收益已经占据全球GDP达10%,就业人数占全球就业总量9.5%。随着旅游业在世界各地蓬勃发展,越来越多著名城市,如纽约、洛杉矶、巴黎、东京以及我国上海、广州等,逐渐成为人们旅游选择的热门目的地,许多大型旅游设施在这些城市也逐渐建立起来。这反映了旅游与城市之间的联系日益紧密,关于旅游业发展和城市经济增长之间关系的探讨也逐渐升级为一个热点话题。一方面,旅游的发展确实推动了城市的变化。马林斯(Mullins, 1991)最先提出了“旅游城市化”的概念,他认为城市旅游反映了一种不同于以往的城市化类型:在后工业化时代,许多城市成为旅游目的地与客源地的统一体,更加突出其消费功能,而不再像19世纪末20世纪初时的城市大多以工业、生产、商业或居住功能为主。国内学者黄震方等(2000)则把旅游城市化看作是旅游业发展带来的旅游区非城市人口向城市转移和聚集的过程,城市伴随着旅游的发展其规模也不断扩大。另一方面,城市也在积极寻求通过发展旅游业来实现自身经济增长,这就是一个有关“城市旅游化”的议题。詹森·维贝克(Jansen-Verbeke, 1988)基于荷兰的城市案例分析发现,许多城市为了促进自身经济更好地增长,积极建造和有效聚集了各种旅游设施特别是一些旅游吸引物,逐渐把当地打造成能够比较齐全地提供各项旅游功能的休闲、娱乐生产地。俞晟(2003)也提出,21世纪以来,我国各城市为了更好地发展,不断改善自身整体环境并提高综合服务功能,不论是旅游产品的销售,还是具体旅游活动的开展,都逐渐以城市作为最主要的活动地点。在此之下,如何通过合理开发旅游资源和建设旅游设施来促进城市的更好发展?大型旅游设施的建立又会对城市起到怎样的带动作用?本文以开园一年多并引起社会广泛关注的上海迪士尼为例，采用联通手机信令数据，通过定量分析的方法，探究迪士尼对上海商旅产业发展的影响。相比以往研究，使用近似于全样本的大数据来进行研究，可以弥补传统抽样调查或实地走访等手段收集数据的局限性，能够更好地反映研究对象的真实情况；同时，目前利用手机信令大数据可以有效分析人口的行为特征与流动轨迹，可以为自下而上的实证分析提供了可能。迪士尼作为我国内地的一个新生事物，尽管国外已经有了许多相关研究，但具体到国内的研究较少，本文旨在通过数据分析得出实证结果，为商旅产业的发展提供决策依据。

二、文 献 综 述

（一）现代旅游设施的发展趋势

传统学者对于城市旅游设施的研究大多立足于单一设施，比如标志性的建筑雕塑（Douglass & Raento，2004）、博物馆（Silberberg，1995）、大型戏剧院（Hughes，1998）、人造风景园林（Goodrich J N，1978）、主题公园（郭秋杰，1997）以及综合购物中心（Finn & Erdem，1995）等。但随着城市旅游的发展，再将城市旅游设施单一化看待已经不符合现实情况且具割裂性，现代旅游设施应该是一整套的设施建构，向外来游客和本地居民提供休闲和娱乐的服务（Moscardo，2001）。黄震方等（2000）把现代城市旅游供给分为城市文化、城市吸引物、设施建设和相关服务四类，传统的单一旅游设施只是其中的一类。唐承财等（2007）也认为，现代旅游设施应该是包括住宿设施、饮食设施、购物设施、交通设施以及娱乐设施等在内的一个综合体系。从总体上看，城市的现代旅游设施发展具有市场化、综合化和创意化的趋势，反映了当前市场经济、休闲经济和体验经济的发展要求。

第一，现代旅游设施具有市场化的特点。董观志（2005）提出，现代旅游设施可以成为专有化的旅游目的地，因其市场化的运作模式突破了传统地理环境内容的限制,它可以超越传统型旅游"就地扎根"的发展模式,而人为根据市场需求打造新的旅游目的地。当前城市旅游设施的建立越来越与市场紧密相连,需要充分考虑游客休憩娱乐等方面的个性化需求(陆林等,2013)。

第二,现代旅游设施具有综合化特点。袁莉等(2004)提出,目前越来越多城市旅游项目建立的同时往往会附加有一整套的旅游业中食住行游购娱六要素的相关配套设施。现代旅游设施具有对市场依赖性强、主题独特且多样、功能多元而综合等特点(张婷婷等,2010)。有些学者还提出了城市游憩商业区(Recreational Business District,简称 RBD)的概念,这是一个将城市中以游憩和商业服务为主的各种设施(如购物、饮食、娱乐、休闲、文化等)集聚在一起的特定区域(Stansfield & Rickert, 1970; Mullins, 1991;保继刚和古诗韵,1998;员疆,1998;俞晟,2003)。可以看出,综合化是市场经济和休闲经济下随之而来的一种特点,以满足游客的多样化需求和提供便利服务。

(二) 现代旅游设施带来的商旅效应研究

1. 打造现代化的旅游目的地,吸引更多外来游客

现代旅游设施可以充当游客直接的旅游目的地,对当地原有的旅游资源进行整合与补充,吸引更多的外来游客。现代旅游设施可以根据客源市场灵活分布,最大限度地减少阻碍游客前来的不利因素,再加上其综合化的发展趋势,往往能集观光、娱乐、文化、购物、餐饮以及住宿等多种功能于一体,实现多种旅游资源的整合与有效配置(Smith S & Xiao H, 2008;李建丽,2009;李子蓉,2009)。黄海天(2011)也提到,现代旅游设施能够弥补当地旅游资源分布与开发不均衡的缺憾,往往因其独特的创意性,是对传统旅游产业的有益补充,可以推动传统旅游城市的转型,进一步提高旅游吸引力。普伦蒂斯(Prentice, 2001)通过分析城市文化旅游产业的发展,发现现代旅游设施的建立能够使当地传统观光为主的单一旅游产品,

逐渐升级为具有观光、休闲和体验的多元产品。由此可见，现代旅游设施可以打造城市现代化的综合创意旅游目的地，甚至可以形成旅游品牌和城市名片，吸引更多外来游客，从而推动城市旅游的转型和升级。

2. 满足多样化需求，延长游客停留时间

停留时间是游客旅游行为的综合体现，更多的停留时间意味着更多的消费和收益（Richards & Greg, 2002；史春云，2013）。相比传统旅游景区，城市现代旅游设施更有助于留住游客。关于游客的停留时间，学者从旅游地承载力（方世敏等，2013）、吸引力（胡晓锋，2014）、旅行成本（谢慧明等，2014）、服务质量（刘新平等，1997）、旅游产品的特色和多元化（王计平等，2013）以及夜间娱乐项目丰富程度（王旭科等，2009）等角度进行了探讨。王旭科等（2009）通过对比泰安和无锡的实证分析发现：新兴旅游城市无锡通过建设唐城、水浒城、三国城和灵山大佛等多个大型主题公园，弥补了此前鼋头渚、梅园和太湖等单一的观光旅游产品的不足，大大延长了游客在当地的停留时间；而传统旅游城市泰安近年来游客平均停留时间由 2.6 天降至 1.8 天，单靠传统旅游产品维系的吸引力开始有所衰退。现代旅游设施往往附加一系列综合性的酒店、餐厅、商店和休闲娱乐场所等，避免了游客一天就结束的快餐式旅游，为游客延长游玩时间提供了可能，增加了餐饮、住宿和购物等方面的收入。此外，创意性体验和周到的服务也降低了游客迅速离开的意愿，甚至还可以提高游客的重游率（杨旸等，2008），实现城市旅游收益的可持续增长。

3. 强大的外溢效应，带动周边地区和相关产业的发展

现代旅游设施可以给城市带来直接的经济效益，形成新的经济增长点，拉动投资，优化产业结构，改进消费结构。此外，现代旅游设施还可以带来强大的外溢效应。它不同于传统旅游单一地从门票获得收益，还可以促进食、住、行、游、购、娱等多个方面的发展（王旭科，2007）。它不仅仅是一个单纯的旅游项目，更是一个产业链条，其外部贡献使得看上去并不直接与旅游设施有关的周边地区和相关产业也同样受益(张婷婷等,2010)。一方面,现代旅游设施建设的契机可以促进其周边地区资源的开发,一批大型的休闲娱乐场所、酒店群、餐厅群、购物中心、会展中心以及交通枢纽纷纷建立,带动周边地区乃至整个城市的交通、住宿、饮食、商业以及服务的发展,带来经济效益(程俐骢,2000)。另一方面,现代旅游设施的建成可以直接或间接带动近百个产业的发展。王志军(2009)通过对香港迪士尼乐园的研究,形象地提出了"1元门票将拉动8元消费"的理论,认为现代旅游设施本身所形成的巨大产业链能够带动城市相关产业的发展,比如迪士尼除了带动当地的住宿、餐饮、娱乐和购物等服务产业的发展,还推动了动漫、影视、文化创意等相关延伸产业的进步。此外,这些周边地区和相关产业的发展,还可以提供大量的就业岗位,一定程度上缓解城市的就业压力。尽管现代旅游设施能带来效益得到了普遍认可,但就外溢效应问题上还存在争论。也有不少学者认为有可能导致虹吸效应,即大型旅游设施的建成会压榨周边地区及其旅游项目的发展空间,造成"一枝独秀"和"灯下黑"的不良后果。在汪宇明(2002)看来,周边地区和中心区如何优势互补、合作共赢,是我们需要考虑的一个重要问题。

三、研 究 设 计

(一) 研究对象

本文的研究对象是上海迪士尼。2016年6月16日,地处浦东新区川沙新镇的上海迪士尼正式开业迎客,周边也陆续建立起一整套与其相关的配套设施。作为一个典型的现代旅游设施,拥有七大主题园区、两座主题酒店和一个地铁站的上海迪士尼是中国内地首家迪士尼主题乐园,也是目前全球6家迪士尼中占地面积最大的一家。它通过主题式经营和周到的服务使得现代旅游设施的市场化、综合化和创意化的特征得到充分的展现(崔成,2008;毛润泽等,2010;黄海天,2011;刘少湃等,2016);同时打造上海旅游度假区,提供综合的设施和服务来满足游客的各项需求(王文韬等,2015)。迪士尼的落地对于上海城市人口流动和产业发展(尤其是在旅游业方面)会带来怎样的影响,目前相关的讨论和争议不断。研究迪士尼这一典型现代旅游设施案例,不仅对上海本地,而且对其他相似的城市,都具有一定的参考价值,有很大的现实意义。

(二) 研究数据

本文所采用的大数据是 2017 年 6—11 月半年时间段里的联通用户手机基站数据,分别从每个月中提取第三周(共 7 天)的数据进行分析,并将轨迹数据对应标注到商圈、街镇等区域,对迪士尼游客在上海期间的活动行为轨迹进行探索。采用这样的手机信令数据,能够在短时间能收集到近似于全样本的数据库,以量化分析人口的行为规律及时空。需要注意的是,由于联通手机用户并不能等同于实际人口总体(当前联通的手机用户市场份额约占 25%左右),因而本文在分析过程中并没有关注游客的实际数量,而是运用游客数量的变化趋势、相对比例和相关比值等量化指标来说明研究问题。

(三) 研究方法

本文对于所选取的手机信令数据的分析主要包括迪士尼乐园及小镇内的本地与外地游客比值时间变化趋势、外来迪士尼游客在上海的停留天数、去过迪士尼的外地游客在沪期间还会去哪些景点、哪些商圈以及他们在上海期间的住宿地分布等几个方面。

就具体分析技术而言,本文首先提取联通手机信令基站位置,通过基站位置生成泰森多边形图,确定每个基站的具体服务范围,按小时统计基站本地游客/外地游客人数比值情况,并对迪士尼乐园和小镇分别进行分析;然后根据基站用户 ID 字段按天数统计游客数量,计算几个时段下(主要选取 6 月和 7 月)不同停留天数的游客人数;最后根据大众点评住宿类 POI 信息和基站泰森多边形图相匹配以确定每块区域内的住宿类型,根据高德地图获取上海市各景点和商圈的边界信息,在 ArcGIS 中与街镇行政区划和各景点或商圈边界信息与游客(基站)位置做匹配,统计迪士尼游客的夜间住宿地和各景点、商圈内捕捉到的去过迪士尼的游客人数,通过统计图表分析迪士尼游客的分布和行为所具有的规律。

四、研 究 结 果

(一) 迪士尼对外地游客有很强的吸引力

通过对 7—11 月迪士尼乐园和迪士尼小镇范围内捕捉到的联通基站的本地人数和外地人数的统计分析可以发现,迪士尼对外地游客的吸引力明显,吸引了大量上海市之外的游客群体前来消费,这给城市旅游获取巨大效益提供了基础。如图 1 和图 2 所示,迪士尼乐园与小镇分时刻点的本地游客与外地游客比值均具有相似的变化趋势,其中早上 8:00—晚上 8:00 期间这一比值最低(小于 1)且走势相对平稳,这也是迪士尼的主要对外营业时间,反映出该时段内有大量的外地用户(外地游客)涌入并停留在本区域;其余时间段的本外地游客比值较大(基本上大于 1),说明本地用户数量要大于外地用户数量,这是由于此时已处于夜间,是迪士尼的休业时间,所在人员多为是本地用户的迪士尼工作人员。通过表 1 中的数据具体来看,7—11 月全天(24 小时)和主要营业时间(早 8:00—晚 8:00)迪士尼乐园和小镇的本地与外地游客比值均约为 1∶2 左右,外地游客的数量约为本地游客的一倍;相比较而言,迪士尼乐园的本地与外地游客比值要低于小镇的比值,说明外地游客对乐园的热衷程度要高于小镇;就时间段而言,7—8 月暑期旅游旺季时迪士尼的本地与外地游客比值明显较低,体现了迪士尼在假期中外地游客的比例会进一步上升,在一定程度上反映出上海迪士尼建成后作为一个现代化的旅游目的地的影响力非常显著。

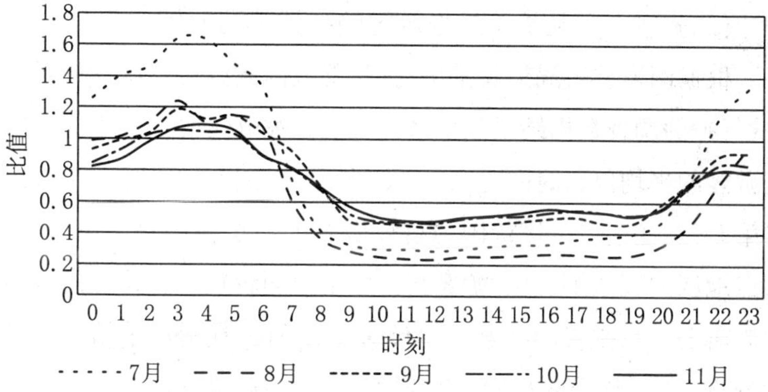

图 1　迪士尼乐园内分时刻点的本地游客与外地游客比值

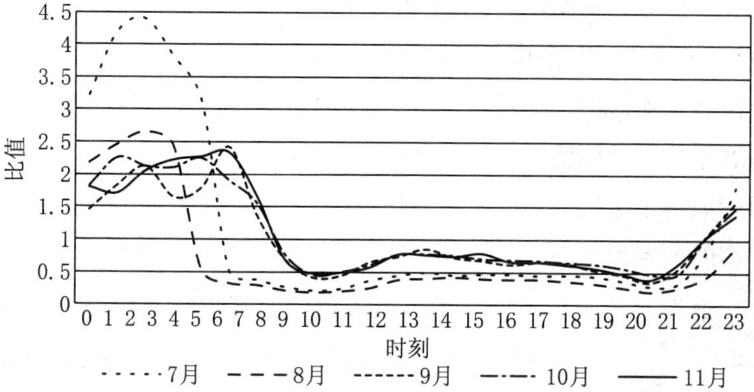

图 2　迪士尼小镇内分时刻点的本地游客与外地游客比值

表 1　迪士尼乐园与小镇 7—11 月份本地游客与外地游客比值

	全天(24 小时)		早 8:00—晚 8:00	
	迪士尼乐园	迪士尼小镇	迪士尼乐园	迪士尼小镇
7 月	0.41	0.38	0.35	0.39
8 月	0.31	0.30	0.27	0.32
9 月	0.55	0.61	0.50	0.59
10 月	0.57	0.65	0.52	0.63
11 月	0.58	0.62	0.54	0.61
平均值	0.483 4	0.513 3	0.434 4	0.511 0

(二) 迪士尼延长了外地游客的在沪停留时间

根据国家旅游局最新推出的《完善国内旅游接待统计体系方案(试行)》的调查数据结果显示,2012 年上海市住宿单位接待国内过夜游客的平均停留时间为 2.69 天,在 21 个试点省级行政单位中排名第 5 位,住宿单位接待国内过夜游客人数指标上海市位居 21 个试点地区的倒数第二位,游客在沪停留时间较短一直是上海旅游业发展需要重点改善的问题。通过对 6 月和 7 月用户基站数据的统计分析发现,去过迪士尼的外地用户在上海的平均停留时间达 4.73 天和 4.71 天,停留时间的中位数为 4 天,相比 2012 年的 2.69 天有了显著增加。根据《上海市旅游业发展"十二五"规划》的功能能级指标:到 2015 年,全市国内游客人均停留(时间)天数超过 4 天,入境游客人均停留天数超过 3 天;而迪士尼建成后,慕名而来的外地游客平均在沪停留时间已经达到 4.7 天以上,相比"十二五"规划的目标取得了更进一步的发展,可以看出迪士尼乐园对于延长游客的停留时间影响显著。

通过具体分析不同在沪停留天数的游客数量差异还可以发现(如图 3),前往迪士尼的外地游客具有不同的出行特征:绝大部分游客以在沪短期停留为主,停留时间为 3—4 天,所占比例达 45.3%;还有相当一部分游客在沪停留超过一周,所占比例达 17.7%。这说明

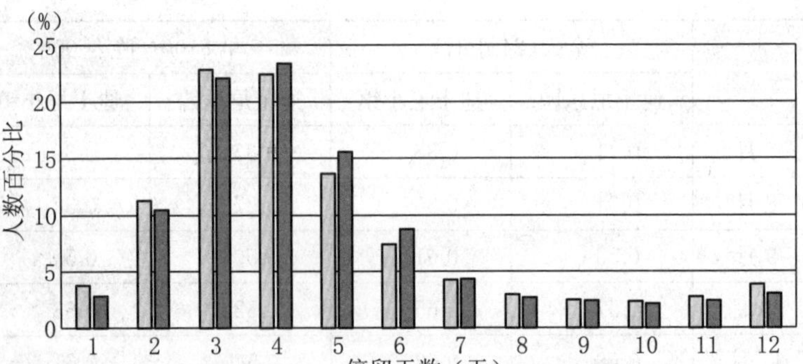

图 3 外地迪士尼游客在沪停留天数分布

大部分短期停留的游客把迪士尼作为自己的旅游目的地，他们是专门前往迪士尼游玩的人群，他们的停留时间也多达 3—4 天；还有相当一部分度假旅游者也把游玩迪士尼作为自己假期行程的一部分，他们往往在沪停留一周以上。这反映出上海迪士尼对于短期游客和度假游客均有较强的吸引力，它可以直接作为游客的旅游目的地或度假行程的一部分从而延长游客在沪停留的时间。

(三) 迪士尼对上海商旅产业的影响分析

1. 迪士尼对周边主要旅游景点具有溢出效应

迪士尼的建成会对周边的上海其他主题公园和游乐园景点产生怎样的影响？迪士尼乐园会带来虹吸效应还是外溢效应？根据用户基站数据，结合用户停留地块内的 POI 信息进行统计分析，提取出外地迪士尼游客数量前十位的景点人数百分比分布如图 4 所示。可以发现，去过迪士尼的来沪游客还会去东方绿舟、上海欢乐谷、东方明珠、上海动物园、人民公园等旅游景点，占外地迪士尼游客人数的比例达 80%。其中，有超过 10%的外地迪士尼游客还会去欢乐谷，而且这一比例从 6 月(10%)到旺季的 7 月(18%)增加了约 80%。随着 7 月份(进入旺季)前往迪士尼的外来游客数量增加，各景点的游客数量也有明显的增加：就上海欢乐谷的人数来看，7 月份景点游客人数相比 6 月份增加了约 1.5 倍。这说明了外来游客游玩迪士尼之后还会前往一些以大型主题公园和游乐园为主的上海其他景点进行游玩，反映了迪士尼不仅没有“虹吸”其他景点的外来游客，反而在一定程度上起到了“做大蛋糕”的效益，带动了周边主题公园和游乐园的发展。这与各景点之间的差异化经营也有关系，比如作为纯游乐园的上海欢乐谷，以体验惊险刺激为主题，这与迪士尼中卡通动漫的经营主题有着一定的差异，也同样对外来游客有着很强的吸引力。外地游客在前往迪士尼乐园游玩的旅程中，也往往会花费几个半天和几个整天前往上海市内其他的大型主题公园和游乐场游玩。迪士尼乐园的建成并没有带来许多专家所说的“灯下黑”效应，还在一定程度上促进了周边旅游景点的发展，为上海传统旅游景点带来了新鲜的血液。反映出迪士尼在为自身带来更多游客的同时，也为上海周边类似欢乐谷这样景点的发展提供了新的发展机遇。

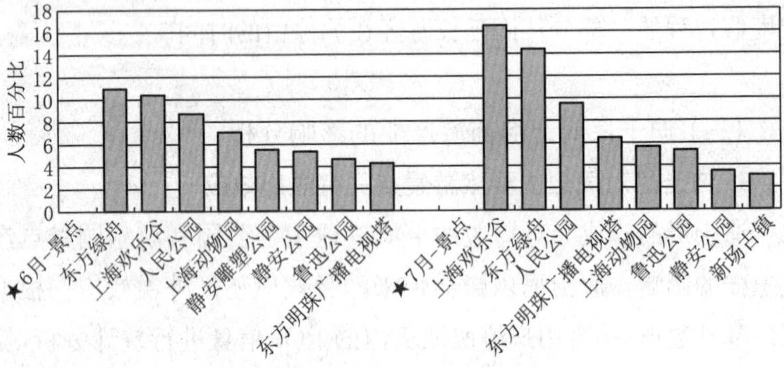

图 4　去过迪士尼的外地游客在沪游玩的其他景点

2. 迪士尼对周边住宿市场有很强的带动作用

通过对用户晚上 22:00 到次日早上 6:00 所处的区域进行分析，可以看出外地迪士尼游客热衷的住宿区域还是在迪士尼的周边区域，尤其对迪士尼所在的浦东新区的宾旅馆业有很强的刺激作用。如表 2 中的数据所示，外地迪士尼游客在上海一般住宿区域为川沙新镇(12.78%；10.56%)、康桥镇(5.28%；5.17%)、外滩街道(3.97%；2.11%)、周浦镇(2.58%；2.93%)以及陆家嘴街道(1.89%；1.70%)等(括号中是该住宿区域内用户占用户总数的百分比，前为 6 月份数据，后为 7 月份数据)。这说明无论是以迪士尼为直接目的地还是来上海旅游或度假而前往迪士尼乐园的外来游客，其住宿区域选择总体上以迪士尼(浦东川沙)所在的周边区域为主，这样的游客人数比例多达 1/3 左右。迪士尼不仅带动了附近景点的游客数量，也为周边的住宿酒店等行业带来了消费人群。此外，通过对比 6 月和 7 月的数据可以发现，7 月份迪士尼周边区域住宿人数的比重有小幅下降，如表 2 中川沙新镇的外地游客人数百分比从 12.78 下降到 10.56，下降约 17；而川沙新镇邻近街道（合庆镇、唐镇、张江镇、康桥镇、周浦镇、六灶镇和祝桥镇所组成区域，见表 2）的游客百分比从 13.04 上升到 13.25，上升约 1.61。这在一定程度上可能是因为迪士尼周边区域的住宿承载力有限，随着 7 月暑期外来游客数量的增多，逐渐达到承载的极限，使得越来越多的人不得不选择离迪士尼较远的街道甚至更外围的住宿区域。

表 2　2017 年迪士尼外地游客夜间主要住宿街镇

2017 年 6 月			2017 年 7 月		
街　镇	街镇所在区	该住宿区域内人数占总人数的百分比（%）	街　镇	街镇所在区	该住宿区域内人数占总人数的百分比（%）
川沙新镇	浦东新区	**12.78**	川沙新镇	浦东新区	**10.56**
康桥镇	浦东新区	5.28	康桥镇	浦东新区	5.17
外滩街道	黄浦区	3.97	周浦镇	浦东新区	2.93
周浦镇	浦东新区	2.58	外滩街道	黄浦区	2.11
陆家嘴街道	浦东新区	1.89	惠南镇	浦东新区	1.85
张江镇	浦东新区	1.84	张江镇	浦东新区	1.80
南京东路街道	黄浦区	1.53	陆家嘴街道	浦东新区	1.70
三林镇	浦东新区	1.45	南桥镇	奉贤区	1.67
南桥镇	奉贤区	1.44	花木街道	浦　东	1.58
花木街道	浦东新区	1.41	三林镇	浦东新区	1.35
合　计	—	**34.15**	**合　计**	—	**30.73**

注：这里统计的人数是去过迪士尼的游客在上海的夜间住宿区域。

3. 环迪士尼商圈的竞争力还有待提升

通过对去过迪士尼的外地游客在上海不同商圈的分时人数情况进行分析，商圈游客数量于傍晚 18 时达到峰值，反映出外地游客一般倾向于在夜幕降临的时候到商业街去逛街和购物。游客选择的商圈多分布上海中心城区的繁华特色商业街，比如南京东路商圈（中华第一街）、豫园商圈（上海旅游特色街）、小陆家嘴张杨路商圈

(上海CBD聚集中心)、淮海中路商圈(上海白领小资的最爱)以及南京西路商圈(上海最高档的商业街)等,迪士尼为这些商圈的发展带来了大量的消费群体。

如图5所示,对2017年7月上海各主要商圈的分时外地迪士尼游客人数百分比变化情况进行分析,发现除豫园商圈以外,其余包括南京东路、南京西路、小陆家嘴张杨路、淮海中路、五角场和中山公园的游客人数都是在18—19点达到最高值,人数百分比为8%左右,其余时间段中游客人数比例相对较少,吸引力持续时间不长;而极具上海特色的豫园商圈高峰时段的持续时间时间则是11—19点,持续时间相对较长,且分时人数百分比均在8%之上(8%—10%),显示了该商圈对于外地迪士尼游客极强的吸引力。总的来看,迪士尼旅游虽然十分火爆,但迪士尼周边的商圈并没有因此而获得持续性的消费群体,还是以豫园商圈为主的单核心的模式,这也反映出未来打造特色的还迪士尼国际旅游度假区的重要性,明确定位和发展方向,克服游客消费心理疲软的"三公里死亡圈",体现出"近水楼台先得月"的竞争力优势,分担豫园商圈的游客压力,弥补临近商圈对消费群体吸引力不足的劣势。

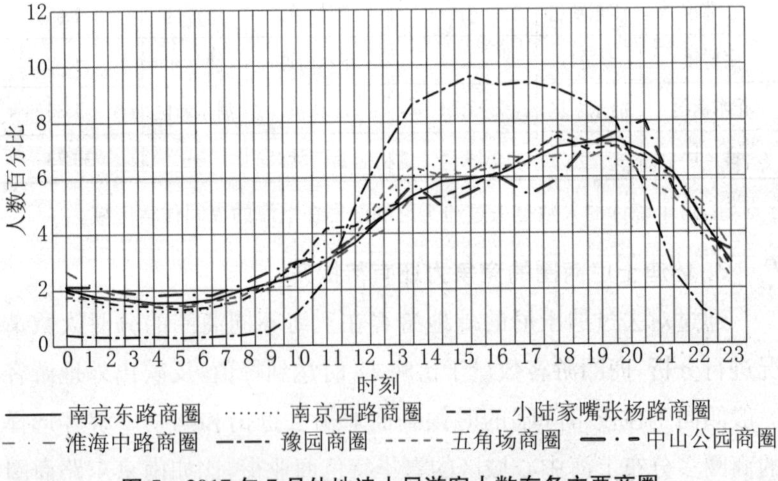

图5　2017年7月外地迪士尼游客人数在各主要商圈的分时变化情况(2017年7月)

五、总结与讨论

本文选取了上海迪士尼乐园这样一个典型的现代旅游设施进行讨论，利用2017年6—11月各个月第三周时段的联通手机信令数据和大众点评POI数据，通过定量分析的方法，研究迪士尼建成对于上海商旅产业的影响带动作用。研究结果发现：迪士尼开园后，确实能够吸引更多的外地游客，延长游客在上海当地的停留时间；迪士尼的出现并没有压缩上海其他景点的发展空间，相反，却给其他景点带来了新鲜的客流量，尤其周边一些大型主题公园和游乐场受益更加明显；迪士尼还带动了周边地区住宿业、购物业和商业的发展，给周边地区带来了大量的消费群体和直接受益；就外来游客旅游类型而言，短途旅行者往往会把迪士尼作为自己的主要旅游目的地，而长期度假者也会把迪士尼作为自己行程的一部分。

迪士尼所能带来的效益离不开其所具有的市场化、综合化和创意化的城市大型旅游设施所应有的"现代气质"。城市现代旅游设施不应该再只是单纯旅游资源的呈现或排列，而应该是一套满足市场需求、打造综合体系和具有独特创意的旅游设施系统。只有这样才能吸引到更多的游客，使其在当地有更长的停留，带动周边地区和相关产业的发展，获得更多消费人群和更大的收益，促进旅游业的整合、升级和可持续发展，真正使发展旅游业能带动城市的发展。当然，目前迪士尼在发展中也存在一些问题，还需继续深入挖掘发展潜力，尤其在提升周边地区的游客承载力、做好周边地区的发展定位方面要狠下功夫。

首先，要完善旅游基础设施建设，促进旅游业供给侧结构性改革。目前，上海迪士尼度假区是全世界迪士尼度假区中规模最大的。整个度假区包括周边溢出区的建设与运营是一个系统工程，需要各方互相协调不断完善旅游基础设施建设，促进旅游业供给侧结构性改革。通过以上分析，我们可以发现上海迪士尼在交通设置、住宿、餐饮、购物以及配套景点等各个方面都存在着短板。因此,亟待从需求着手,平衡旅游旺季与淡季的需求,兼顾不同类型游客的需求,满足游客们对日间和晚间旅游项目的需求,使得我们的综合旅游配套设施和服务与承载力之间达到基本平衡。

其次,要注重上下游产业链打造,促进商旅文和金融业的融合发展。百年迪士尼最为人称道的就是其拥有完备的产业链布局——媒体网络、主题公园及度假村、影视娱乐、消费品以及互动娱乐五大业务板块,为经典 IP 构建了可以流转、增值的生态版图。迪士尼落户上海,对于正在建设全球科创中心和全球城市的上海而言,是一个充满活力的引擎。因此,要以 25 平方公里的上海国际旅游度假区为核心,扩大与优化其在促进周边地区新型城镇化的产业链与空间链的协同效应,引入与迪士尼度假区互补的其他产业,助推上海在文创、商贸、旅游、金融各领域的融合发展。

最后,要形成差异化竞争格局,带动整个区域旅游产业的联动发展。根据实证分析,我们得出迪士尼乐园的建成并没有带来许多专家所说的"灯下黑"效应,还在一定程度上促进了周边旅游景点的发展。因此,可以以市场的手段,促成迪士尼与周边常州恐龙园、芜湖方特乐园、安吉 Hello Kitty 乐园等主题公园的捆绑式营销,放大整个长三角此类产品线的效益,形成更大影响力的区域旅游产品,吸引华东、全国乃至周边国家旅游客源的导入。

参考文献

保继刚、古诗韵:《广州城市游憩商业区(RBD)的形成与发展》,《人文地理》2002 年第 5 期。

程俐骢:《以可持续发展观点开发上海旅游资源》,《旅游科学》1998 年第 1 期。

崔成:《迪士尼:经营快乐》,《企业改革与管理》2008 年第 2 期。

董观志:《主题公园发展的战略性趋势研究》,《人文地理》2005 年第 2 期。

方世敏、陈洁:《景区游客停留时间的影响因素研究——以大云山国家森林公园为例》,《中南林业科技大学学报(社会科学版)》2013 年第 6 期。

郭秋杰:《关于主题公园建设的若干思考》,《旅游科学》1997 年第 2 期。

胡晓锋:《咸宁市发展绿色旅游策略研究》,《中国集体经济》2014 年第 13 期。

黄海天:《上海迪士尼对长三角旅游业的拉动效应研究》,《特区经济》2011 年第 1 期。

黄燕玲、黄震方:《农业旅游地游客感知结构模型与应用——以西南少数民族地区为例》,《地理研究》2008 年第 6 期。

黄震方、吴江、侯国林:《关于旅游城市化问题的初步探讨——以长江三角洲都市连绵区为例》,《长江流域资源与环境》2000 年第 2 期。

李建丽:《区域旅游资源整合研究——基于广州与佛山旅游资源的整合》,《中国发展》2009 年第 4 期。

李蕴芬、刘新平:《旅游服务对境外游客停留时间影响的统计分析》,《纺织高校基础科学学报》1997 年第 3 期。

李子蓉:《崇武古城闽南文化旅游的开发构思》,《热带地理》2009 年第 1 期。

刘少湃、田纪鹏、陆林:《上海迪士尼在建景区客源市场空间结构预测——旅游引力模型的修正及应用》,《地理学报》2016 年第 2 期。

陆林、朱申莲、刘曼曼:《杭州城市旅游品牌的演化机理及优化》,《地理研究》2013 年第 3 期。

毛润泽、何建民:《上海迪士尼乐园对其周边区域产业发展的影响研究——基于国际经验借鉴》,《华东经济管理》2010 年第 5 期。

史春云:《旅行模式对目的地旅游经济影响的空间差异——以长三角世博旅游线路为例》,《旅游学刊》2013 年第 6 期。

唐承财、钟全林、李小霞:《城市旅游发展的驱动力分析及案例实证》,《沈阳大学学报(自然科学版)》2007 年第 5 期。

王计平、李敏敏:《低碳民族旅游产品设计与开发研究——以贵州西江千户苗寨为例》,《开发研究》2013 年第 2 期。

王文韬、钱晨阳:《上海迪士尼度假区发展策略的思考》,《中国商论》2014 年第 32 期。

王旭科:《地位相殊、着力相异:区域旅游产业地位的分析》,《旅游学刊》

2007 年第 12 期。

王旭科、宋健、冯书春:《传统旅游城市发展问题与转型升级》,《旅游论坛》2009 年第 5 期。

王志军:《中国香港迪士尼票价合理性的分析》,《经济师》2009 年第 8 期。

谢慧明、沈满洪、李中海:《中国城市居民旅游需求函数的实证研究》,《旅游学刊》2014 年第 9 期。

杨旸、张捷、赵宁曦:《旅游地游客游憩体验与重游意愿作用机制研究——以宜兴为例》,《旅游学刊》2008 年第 5 期。

俞晟:《城市旅游与城市游憩学》,华东师范大学出版社 2003 年版。

员疆:《城市游憩产业系统分析》,《人文地理》1998 年第 2 期。

袁莉、刘鞠林:《聚集与旅游产业群的培育》,《经济问题探索》2004 年第 1 期。

张婷婷、王承云、张晶磊:《主题公园建设与区域经济关系研究——以全球迪士尼主题公园为例》,《现代城市研究》2010 年第 11 期。

Briassoulis H. "Sustainable tourism and the question of the commons". *Annals of Tourism Research*, 2002, 29(4):1065—1085.

Douglass W A, Raento P. "The tradition of invention-conceiving Las Vegas". *Annals of Tourism Research*, 2004, 31(1):7—23.

Finn A, Erdem T. "The economic impact of a mega-multi-mall: Estimation issues in the case of West Edmonton Mall". *Tourism Management*, 1995, 16(95):367—373.

Goodrich J N. "The relationship between preferences for and perceptions of vacation destinations: application of a choice model". *Journal of Travel Research*, 1978, 17(2):8—13.

Hughes H L. "Theatre in London and the interrelationship with tourism". *Tourism Management*, 1998, 19(5):445—452.

Liu J C, Sheldon P J, Var T. "Resident perception of the environmental impacts of tourism". *Annals of Tourism Research*, 1987, 14(1):17—37.

Lukashina N S, Amirkhanov M M, Anisimov V I, et al. "Tourism and Environmental Degradation in Sochi, Russia". *Annals of Tourism Research*, 1996, 23(3):654—665.

Moscardo G. "Visitor evaluations of built tourist facilities: pontoons on the Great Barrier Reef". *Journal of Tourism Studies*, 2001, 12(1):28—38.

Mullins P. "Tourism urbanization". *International Journal of Urban & Regional Research*, 1991, 15(3):326—342.

Prentice R. "Experiential Cultural Tourism: Museums & the Marketing of the New Romanticism of Evoked Authenticity". *Museum Management & Curatorship*, 2001, 19(1):5—26.

Richards G. "Tourism attraction systems: exploring cultural behavior". *Annals of Tourism Research*, 2002, 29(4):1048—1064.

Silberberg T. "Cultural tourism and business opportunities for museums and heritage sites". *Tourism Management*, 1995, 16(5):361—365.

Stansfield C, Rickert J. "The recreational business district". *Journal of Leisure Research*, 1970, 2(4):213—225.

中医药产业如何进行国际化布局

——“一带一路”倡议背景下中医药产业国际化的现状、机遇和发展思路*

张祥建　彭　娜　费斌杰**

[摘要]　中医药是中华智慧的结晶和中华文化的载体，随着“一带一路”倡议的实施，中医药国际化迎来了新的发展机遇，将健康智慧、理念和方法向全球传播，建设人类共享的健康命运公共体。本文研究了“一带一路”倡议背景下中医药国际化发展的现状和问题，分析了中医药国际化面临的新机遇，提出了促进中医药国际化发展的思路。研究发现：(1)中医药是一种国家战略资源，兼具人文与医学科学的多重属性，体现了中华文化的精髓，是中华文明与“一带一路”沿线国家国家交流合作的最佳载体。(2)中医药国际化初具雏形，已经成为中华文明与世界各国文明沟通融合的独特纽带，中医药贸易规模日益增加，海外中医兵团的崛起，在“一带一路”沿线国家的发

* 本文是国家自然科学基金项目(编号:71772113，71272010，71473156)；紫金文创研究院2016年规划课题研究成果；上海市浦江人才计划资助(编号:17PJC047)。

** 张祥建(1975—　)，男，经济学博士，河南鹿邑人，上海财经大学财经研究所教授、博士生导师，紫金文创研究院特约研究员，研究方向：大健康产业、文化产业。彭娜(1992—　)，女，经济学硕士，河南南阳人，上海财经大学财经研究所硕士研究生，研究方向：“一带一路”、文化产业。费斌杰(1996—　)，男，经济学博士后，浙江嘉兴人，上海财经大学财经研究所博士后，研究方向：网络产业、区域经济。

展趋势良好，但也面临着缺乏国际标准、中医理念不被认可、中医全盘西化等问题。(3)“一带一路”倡议为中医药国际化提供了广阔的发展空间，沿线国家的人民对中医药逐步接受和应用，给中医药在国际合作交流中带来重大机遇，中医药产业将成为中国在国际上的新名片。(4)在中医药国际化过程中，要采取文化先行、丰富中医药产业链、推广中医理念、构建跨国营销网络和掌控中医药标准化等策略。本文的研究不仅有助于营造促进中医药海外发展的环境，而且能够为中医药产业在“一带一路”沿线国家的布局提供支撑。

［关键词］ 中医药；大健康产业；国际化；“一带一路”；发展思路

一、引　言

中医是中华民族千百年来得以传承的宝贵财富，是中国传统文化的典型代表。随着“一带一路”倡议的推进，国家对中医的重视程度日益提升。习近平总书记指出：“中医药学是中国古代科学的瑰宝，也是打开中华文明宝库的钥匙。”中医药作为中国独特的卫生资源、潜力巨大的经济资源、具有原创优势的科技资源、优秀的文化资源和重要的生态资源，在经济社会发展中发挥着重要作用。①

我国出台了一系列推进中医药发展和国际化的政策，为中医药的国际化提供了动力。2016 年 2 月国务院印发了《中医药发展战略规划纲要(2016—2030 年)》，明确了中国中医药发展方向和工作重点。中共中央政治局 2016 年 8 月 26 日召开会议，审议通过“健

① 随着中国新型工业化、信息化、城镇化、农业现代化深入发展，人口老龄化进程加快，健康服务业蓬勃发展，人民群众对中医药服务的需求越来越旺盛，迫切需要继承、发展、利用好中医药，充分发挥中医药在深化医药卫生体制改革中的作用，造福人类健康。

康中国2030”规划纲要[①]，指出健康是促进人的全面发展的必然要求，是经济社会发展的基础条件，是民族昌盛和国家富强的重要标志，也是广大人民群众的共同追求。在“十三五”以及到2030年中长期发展规划中，中药产业发展的主要战略目标是建成完善的中药新药研发技术链，生产技术达到医药制造业先进水平，形成若干重磅炸弹式的中药品种，建成若干跨千亿元的现代中药企业，中医药科技研究条件先进，质量表彰体系完善，政策保障有力，发展环境、整体实力处于世界先进水平。[②]

随着中国的和平崛起，中国文化整体的海外传播扩散，作为中国文化载体的中医药将会不断走向国际化。中医药具有经济和文化双重属性，是中国产业走出去的最佳载体。特别是，随着“一带一路”倡议的实施，需要向外传播和宣传中国文化和理念，为“一带一路”倡议的实施奠定坚实的民意基础。凝结着中华智慧结晶的中医药是一个绝佳的载体，因为中医药提供的健康服务，没有价值形态因素，而健康是每个国家都需要的，因此，容易为国外所接受。《中医药发展战略规划纲要（2016—2030年）》明确提出：“鼓励中医药企业走出去，加快打造全产业链服务的跨国公司和知名国际品牌。”可见，继高铁、核电、特高压之后，中医药产业有望成为中国在“一带一路”沿线国家的“新产业名片”。同时，中医药文化国际化有利于坚持中华民族的文化自信，保障文化安全，并让中华民族的优秀文化嘉惠世界。在当今时代，中医药在经受了一个多世纪的冷遇后重新为世人瞩目，这是因为中医药的文化理论对欧美现代的纯客观的

---

① “健康中国2030”规划纲要是今后15年推进健康中国建设的行动纲领。要坚持以人民为中心的发展思想，牢固树立和贯彻落实创新、协调、绿色、开放、共享的发展理念，坚持正确的卫生与健康工作方针，坚持健康优先、改革创新、科学发展、公平公正的原则，以提高人民健康水平为核心，以体制机制改革创新为动力，从广泛的健康影响因素入手，以普及健康生活、优化健康服务、完善健康保障、建设健康环境、发展健康产业为重点，把健康融入所有政策，全方位、全周期保障人民健康，大幅提高健康水平，显著改善健康公平。

② 实现“1353”目标：到2020年工业产值达到1万亿元，健康服务业规模3万亿元，“重磅炸弹式”的、销售额超过50亿元的中药品种达到5个，销售额过500亿元的中药企业3家。

科学医学有“如切如磋、如琢如磨”的作用，通过相互研习磨合，世界医学必将进入一个新境界。

在当今纷繁复杂的国际环境中，再加上中医药产业自身的复杂性，中医药的国际化正处于机遇与困难并存的时期。①但是，作为中医发源地及正在崛起的大国，中国应担负起历史的责任，将健康智慧、理念和方法向全球传播，让世界分享我们民族医药的瑰宝和智慧结晶，建设人类共享的健康命运共同体，使优秀的中医药造福于人类健康。②

中医药国际化发展和合作，不仅是中国一个国家的事情，而且是影响人类生存和发展的卫生保健共同事业。目前，世界对中医药的认识仍停留在一鳞半爪、支离破碎的层面，中医药国际化的道路还很漫长。因此，必须加深世界范围内各国人民对中医药的了解和认识，进一步取得各国政府和专家学者的参与和支持。只有不断地扩大中医药文化在世界的影响，广泛地开展教育、科技、文化合作交流，才能更好地保证中医药事业沿着国际化方向发展，从而促进中药产品产业化、国际化战略计划的实施。中药国际化一定要以中国中医药理论为基础，不能削足适履的迎合西方标准，更不能用西医西药的理论和思维模式来指导中药国际化，一味强调与国际接轨。中医药国际化就是要让中医药走向世界，为全世界人的健康服务。

当国内民众受到西医理念的影响而鄙视中医时，在国外中医日益受到重视。各国都开始重视推进本国传统医药国际化，不少发达国家和跨国公司还试图在中医药科学研究、标准制定、产业发展、市

① 由于中医药多年来一直面临存废的争议，因此导致中医药在发展中出现了中医药继承不足、创新不够；中医药人员不足，中医药人员中医思维弱化；中药材资源破坏严重等问题。

② 受东西方文化差异的影响，惯于逻辑思维的西方人对理解中国固有的中医药文化具有相当的困难，因为中医药文化是一个异质于西方理性主义文化（尤其是科学）的文化认知体系。因此，对中国固有文化的理解程度如何，必然影响国际社会对中医药的接受程度，也必然影响着中国对外出口的中药产品的销售额度。但在这方面，我们缺乏高瞻远瞩的战略眼光，在日韩等国和西方世界的误导下，采取了异化中医药文化的急功近利的措施。

场占有等方面抢占主导地位(段资睿,2017)。日本最近也忙着向“世界卫生组织”申请“正名”,试图把以中医药为基础的“皇汉医学”、“汉方医学”改称为“东洋医学”,用改头换面之法来掠夺中国的民族医药文化。日本在这方面已尝足了“甜头”:“汉医学”不仅健康了他们的国民,还使其在国际医药市场上大显身手,大捞金钱,其生产的洋中药目前约占国际中药市场份额(年销售额约160亿美元)的80%(而中国只占3%—5%,要算中成药更是少得可怜)。美国在中药研发和市场战略的研究上更是不惜重金,投入巨量的研究资金,目的就是在未来的“中药市场大战”中立于不败之地。澳大利亚、新加坡、韩国、印度等国也磨刀霍霍,投入大量的人力、物力和财力,把中药当作一种战略性产业来发展。中国的中药产业目前已经到了“狼烟四起”之地步。

西方文化不仅在世界大多数国家取得了绝对的强势,而且在中国国内也逐渐获得了主导地位,中医赖以生存的文化氛围逐渐衰弱,尤其是在西医的排挤和科学的异化之下,中医也随之日益衰落。在这种情境下,作为中医药文化发源地的中国,我们该如何让中医药再一次走向国际,最终实现中医药文化的世界化,是中国医学面临的现实问题。

本文基于“一带一路”倡议,研究了中医药国际化发展的现状和存在的问题,分析了当前中医药国际化面临的新机遇,并在此基础上,提出了促进中医药国际化的发展思路。本文的研究不仅有助于促进中医药国际化发展,营造有利于中医药海外发展的国际环境,而且能够为中医药产业在“一带一路”沿线国家的布局提供支撑。

二、中医药的核心价值

中医药是一种国家战略资源,更是在当今世界生命科学领域内拥有独立自主知识产权的理论、工艺和技术等一系列完整的科学理论体系。①中医药兼具人文与医学科学的多重属性,是中国独具特色的卫生资源、经济资源、科技资源、文化资源和生态资源,是中华文明与“一带一路”沿线国家交流合作的最佳载体。

以源远流长而论,中医药文化不输于世界上任何医学文化。最伟大的标志就是《黄帝内经》的出现。前人谓“黄帝与岐伯上穷天纪,远取诸物,近取诸身,更相论难,垂法以福万世,授业传之,而《内经》作矣”。此后,中医药学就在中华民族中代代相传。至汉代张仲景做了这样的梳理:“上古有神农,黄帝,岐伯,伯高,雷公,少俞,少师,仲文,中世有长桑,扁鹊,公乘阳庆及仓公。”中医药历史悠久绵长。

以博大精深而论,中医药有一个伟大的文化品质,就是孙思邈所说的:“人命至重,贵于千金,一方剂之,德逾于此。”生命价值高贵、平等,而不论身份贵贱、财富多寡。中医药还有另一个至为可贵的文化传统:医学关乎族运、国运,“保天和于未病,续人命于既危,彝伦益敦,王化滋盛”。优良的医学、健康的生命可使社会和谐,国家昌盛。中医药还有一个非常深远的文化理念:“上医医国,中医医人,下医医病。”博大、悲悯、精深是中医药文化的重要特征。

中医具有独特的规律与文化精髓。中医药是植根于中华传统文化的一个完整的医学体系,它以中国传统哲学为基础,以“天人一体”思想为指导,历经数千载而不衰,为中华民族的繁衍和发展、也为全人类的文明做出了重要贡献。②文化是一个民族的精神和灵魂,只有了解中医所蕴含的中医文化的底蕴,才能了解具有五千年文明史的中华儿女追求维护健康、抵御疾病的智慧。植根于中华文化土壤之上的中医,既是中华文化传承的重要载体,也是中华文明人与自然和谐相处的哲学理念。

---

① 目前,中医药是中国出口贸易最具人才、技术和资源优势的产业,并具较强科研攻关能力,也有望成为进入国际市场的支柱产业之一。

② 2003年9月,世界中医药学会联合会宣告成立。针灸作为民族文化和创造力的代表形态之一,已被正式列入“人类非物质文化遗产代表作名录”,对于增进中国传统文化与世界其他文化之间的对话与交流、推动中医药文化的国际传播发挥了重要作用。

中华文明历来主张“天人合一”、“道法自然”……这些都是中医药学里体现的宇宙观、人与自然的关系以及思维方式。以中国古代朴素的唯物论和自发的辩证法思想即气一元论、阴阳学说、五行学说为哲学基础所构建的理论体系,形成了独有的中医辨证体系。中医药文化的核心价值,主要体现为“仁、和、精、诚”、以人为本、医乃仁术、天人合一、调和致中、大医精诚等理念,共同构筑起中医核心价值体系(郑晓红,2012)。中医强调天人合一的整体性,不仅是中国固有文化中的核心价值特征,也是中医基础理论赖以建立的理论依据。可以说,没有整体性思维,也就不会有中医;抛弃了整体性思维,也就彻底抛弃了中医的灵魂和价值特征,中医也就会不复存在。天人合一的整体和谐的价值观一直指导着中华民族在东方这块古老的土地上和谐地生存了千万年。

中医文化最具影响的有三种:一是整体思维,也可以称为系统思维,是中医理论建构的重要基础,依此中医建立了藏象理论,成为中医诊断学的重要理论。无论是辨证施治的诊疗方式,还是理法方药有机统一的治疗医术,都是追求一种整体观念,这种观念正是中医文化的内核所在。二是相成思维,即以相互联系、相互依赖、相济互补的观点看待对立的两个方面或对立的两种事物的思维方式。“辨证之首,注意主症;辨证之性,注意兼症;辨证中证,注意联系。[①]”西方人很难理解中医医脚治头痛的道理,而这种事物间相互联系、依赖、影响的辨证思维正是中医的精髓,它与西方科学研究中割裂的、局部的、细微的分类研究原则大有不同,但又殊途同归。三是变易思维。变易思维是以变化的观点考察一切事物的思维方式,中医辨证论治是以疾病的运动变化为其基础的。而今,中医辨证文化力仍具有顽强的生命力,部分精华已被西方哲学吸收,成为西方文化中的一部分。

① 望闻问切四诊,充分尊重人,中医以不伤害人体为本,不轻易打开人体进行诊断和治疗。中医治病所选用的药物绝大多数均产自中华大地的植物、动物、矿物。在中医药理论指导下使用,即称中药。

把中医药的国际化放在提升中国国家软实力的高度。价值观是一个国家重要的无形资源，它能显著增强价值观核心国家的国际凝聚力和国家竞争力。由于固有文化的衰落，自从20世纪以后，中国基本上是以输入西方价值观为主。这种形势不利于中国国际竞争力的提升，故将优秀的中华文化核心价值观进行输出，才能赢得更多的国际友好支持。而要提升中国在价值观领域的竞争实力，很重要的方法就是在世界范围内复兴和传播中国古典文化。作为中国文化重要组成部分的中医集中体现了中国文化固有的价值观，其国际化不仅能带来可观的医疗经济价值，更多的是彰显着中医药的文化软实力（肖晓霞等，2019）。中医内涵和谐的价值观，对这种价值观的传播，不仅能够促进人与人、国与国之间的和谐，更能促进人类与自然之间的和谐，既而消除工业文明造成的人类与自然之间的对抗。

中医的国际化能够促进世界文化的多元化，更有利于人类的多途径生存。人类建构出的每一种文化代表的都是一种生存的形态，中医文化作为中国固有文化重要组成部分，充分反映了中国人与自然和谐相处的生存智慧，它代表了人类可持续性生存的存在形态。如今西方那种建立在破坏与对抗基础上的理性主义生存形态已经弊端丛生，它对人类的生存环境产生了不可逆的破坏，继而威胁到人类在地球上的可持续性生存。中医文化在世界范围内的传播，不仅仅会促进世界范围内的医疗形态的彻底改变，也会改变那些接受中医文化的人们的生活，继而推动人类向东方可持续性生存形态的转变。①

中医药是提升民族声望、实现民族伟大复兴的重要文化支撑，是最具优势的中华民族文化品牌。中医药是目前中国唯一具有最广泛群众基础、仍在普遍使用的、承载着中华民族优秀传统文化精髓的最具典型意义、代表性和无可替代性的医学科学体系，其将有力地推动中华民族的伟大复兴。与欧美医学相比较，中医药在医疗

① 我们知道中医文化不仅仅包括医疗文化，还包括次级的养生保健文化，诸如药膳饮食文化、太极拳文化、气功文化以及中国的古典音乐等，都可以在中医文化传播的推动下走出国门，为西方人所接受。

技术层面上(举凡辨证、调剂、治疗等),浸透着极富中国传统特色的哲理思想和文化元素。中医药正是中华传统文化中最具典型意义、代表性和无可替代性的一个载体,是当前仍承载着传统精华而又最具有群众基础、被广泛日常应用着的中国传统文化体系之一,它的博大精深、源远流长足以跻身世界文化之林。

三、中医药国际化的发展现状和问题

中医药总体规模不断扩大,发展水平和服务能力逐步提高,初步形成了医疗、保健、科研、教育、产业、文化整体发展新格局,对经济社会发展贡献度明显提升。中药国际化初具雏形,越来越多的企业和产品走出国门,并为世界所接受。中医药已经成为中华文明与世界各国文明沟通融合的独特纽带。

(一) 发展现状

对于中国中医药产业国际化的发展,可将其分为三个层次:第一层次是中国中医药产业向全球销售产品和提供服务;第二层次是中国中医药产业在全球范围配置资源;第三层次是中药标准为世界医药主流市场所接受,中药产品作为药品进入主流医药市场,中国中药企业、跨国公司等战略投资者共同配置世界中药资源。

目前,中国中医药产业基本还处于第一层次,即主要向全球销售中药产品,市场主要集中在中国香港、中国台湾、东南亚、欧盟、美国等地区和国家;在第二层次上,目前只有北京同仁堂①、天津天士

① 同仁堂在国际化进程中,始终坚持先易后难、先贸易后合作、先周边后欧美的原则,对不同市场的限制程度,采取了灵活多样的出口形式。例如,东南亚市场政策较宽松,就正式以药品注册形式进入;美国等市场限制较多,就以食品补充剂的形式进入。北京同仁堂迄今在澳大利亚、新加坡、马来西亚等16个国家和地区开设了至少41家统一店面的零售终端。这家百年老字号向海外零售店派遣了100多名经验丰富的中医师,以服务来店咨询的海外患者。目前,同仁堂在澳大利亚、加拿大分店分别有20%、10%的顾客为当地人。

力等少数几家企业开始走出国门，在境外投资，部分中药产品在国外作为药物注册使用，例如，广州奇星等企业的产品已在俄罗斯、加拿大等地区取得了药品身份；在第三层次上，中药标准制定的国际合作取得了一些进展，个别中药品种正尝试进入医药主流市场，例如，天士力“复方丹参滴丸”现正在美国开展Ⅲ期临床试验；地奥集团的“地奥心血康胶囊”已获得荷兰药审局的注册审批，并有望在欧盟 27 国正式以药品身份销售。

1. 中医药出口

中国已经是世界第一大原料药生产和出口国、世界第二大 OTC 药物市场，即将成为全球第三大医药市场。在中药现代化战略的推动下，中国大中药产业逐渐形成。[①]中药农业、工业、商业、保健品、食品、日用品、兽药、美容、中药制药设备等构成新兴战略产业，已成为中国快速增长的产业之一。

目前，全世界有 183 个国家和地区有中医药以及其相关产品。使用中医药或天然药物的人群超过 40 多亿，占世界人口的 70%左右。[②]2010 年以来，我国的中药类产品出口份额经历了快速的增加，2018 年中药类产品出口额 39.09 亿美元，同比上升 7.39%。但是，从产品结构来看，中国出口的中药产品，仍以中药材及饮片、植物提取物等原料型产品为主，出口额占比均在 80%左右；而中成药产品占比则相对较小。中国出口的中药产品仍以中药材、饮片、植物提取物等低附加值的原料类产品为主[③]，这与中国几千年的中医传统和中医药资源大国的地位极不相称。

① 大中药产业是以中药工业为主体、中药农业为基础、中药商业为枢纽、中药知识经济产业为动力的新型产业。除了药品，还包括中药保健品、食品、饮料、化妆品、日用品、食品添加剂，中药农药、中药兽药、中药饲料添加剂等等。

② 相关数据显示，目前在中成药出口方面，日本占世界份额的 80%，韩国占了 15%，而中国只占了 3%到 5%。

③ 中成药是最能代表中国中医药文化的产品形式，也是中国中药产品参与国际化竞争的最有利形式。

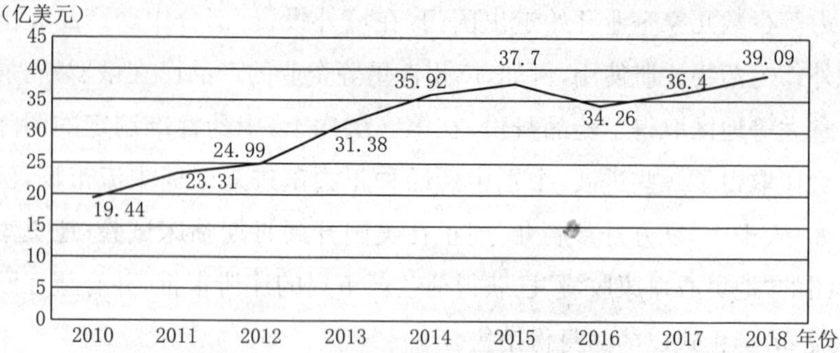

图1　2010—2018 年我国中药类产品出口份额

随着中国服务贸易的加速,以商业存在和境外消费为表现形式的中医药医疗保健服务贸易也在不断扩大。例如,在与俄罗斯有着 3 000 公里边界线的黑龙江省,对 15 个设有口岸的边境县中医医院加强了涉外接待能力的建设,针对俄罗斯患者的特点,增强了相应的业务力量,着重开展了俄罗斯患者喜欢的针灸、火罐、刮痧等医疗服务项目。再如,中蒙医药在蒙古国民众中拥有极高的认知度和信赖度,中蒙医诊治服务在蒙古国民众中有着广泛的发展空间。

截至 2017 年底,中国的中医药贸易已经扩展至全球的 183 个国家及地区,中国政府与 86 个相关国家及国际组织签订了中医药合作协议,设立中医药院校的国家达 30 个。从出口地区来看,亚洲、欧洲、北美洲为中国中药产品主要出口地区,其出口额占比共计可达 90%以上。日本、中国香港、欧盟、美国为中国内地中药出口的传统市场,其出口额合计占中国中药出口总额的 60%以上。其中,欧盟和美国市场的增长较为稳定,而中国香港地区的中药出口占比则呈现持续下滑,提示越来越多的企业开始将产品直接销往目标市场,而不再单纯依赖于香港的转口贸易。据世界卫生组织的统计,中医已先后在澳大利亚、加拿大、新加坡等 29 个国家和地区,以国家和地方政府的立法形式得到了承认,18 个国家和地区将中医药纳入了医疗保险。在西方主流国家,除针灸外,中医药尚未进入国际主流医疗卫生保健体系,只能以食品、保健品等身份出现。中医药及传统医药相关产品的质量控制、生产工艺、药理毒理、临床评价和产品注册等标准不能完全仿制现代西药和植物药。

2. 海外中医兵团的崛起

中医药已传播到180多个国家和地区，成为一种国际性产业，遍布世界各地的至少有10万家中医诊所，30万名从业人员。中医诊所在欧美、澳大利亚等国家较为普及，并呈本土化发展特点。中医的医疗模式在大多数国家主要以诊所形式存在，只在东南亚等极少数国家设有中医医院。

因历史原因中医海外兵团由五部分组成，随着时间推移其成分在不断发生变化。(1)主要以早期移民为主家承式的"祖传中医"，及非医疗专业而移民后改行拜师学艺的师带徒的"师传中医"。(2)20世纪80年代大陆开放后开始来海外研修的西医，出国后改行做针灸中医。(3)大陆中医院校毕业的本科生、研究生在20世纪80年代中期开始，尤其是90年代及本世纪初，大量涌出国门在海外行医。(4)在中国培养的韩国、日本等国的中国留学生，因本国立法的限制，学成后不能在本国行医，而转向加入加拿大、美国、澳大利亚、英国、德国等海外中医队伍；其中也包括中国台湾、中国香港或韩国、日本培养的中医毕业生。(5)海外各国培养的本土中医、针灸师。中医教育在欧美及澳大利亚等国已有几十年的历史；在20世纪七八十年代早期多数为夜校的培训班，90年代后随着中医针灸国际化进程的发展，中医教育已逐成规模，中医院校已陆续建成，成为海外中医发展的主力军。①

如果中国经济持续增长，国力逐渐加强，中医院校外语教育逐渐强化，中医药针灸国际交流更加频繁，所在国移民政策仍然或更

① 在中医药民间传播之外，《世界卫生组织传统医学全球战略(2014—2023)》《传统医学决议》等官方文件的发布和通过，标志着中医药业界已与世界卫生组织在传统医学领域进入了全面战略合作期。尤其是一直被视为中医药短板的国际标准化工作也取得突破性进展。国际标准化组织(ISO)历史性地确立以中医药命名的中医药技术委员会(ISO/TC249)，并由中国承担秘书处工作。以中医药为代表的传统医学首次被纳入国际疾病分类(ICD-11)。

加开放,中国中医院校毕业生将会通过各种途径源源不断的补充各国中医药针灸市场的需要。只要他们克服语言障碍,了解和适应当地的文化背景和风俗,就会对所在国的中医发展有所贡献。20世纪八九十年代出国的中医,经历20年的奋斗后,早已站稳脚跟,有了稳定经济收入并融入当地社会,便会追求更高层次的发展。这些崛起的海外中医兵团,既因为早年毕业于中国的中医院校,与大陆有割舍不断地联系。目前,中国在海外的华侨和华人大概有6 000多万人,实现中医药国际化,海外侨胞是天然的桥梁和战略资源。

近些年来,中医教育已经从自发的小作坊模式进入正规的学历教育体系,并呈现规模化特征。随着各国对中医药人才需求的增长,中医药教育机构在一些国家发展迅速,其主要办学形式是与当地大学合作,在其中开办中医药专业;或中外大学合办学位班;或社会办学,政府承认学历。据统计,全球中医药教育开展得比较好的有45个国家和地区,中医教育机构达695个。国内在中医药医疗、教育等方面具有领先地位的一些机构已经纷纷和国外展开了交流和合作。北京中医药大学及其附属医院已与美国、日本、加拿大、澳大利亚等国开展了科技合作,承担国际合作项目达20项,已为世界89个国家和地区培养了14 000余名中医药专门人才。中国中医科学院及其附属医院与30多个国家和地区签订了80多项合作协议,与世界卫生组织共同建立了临床研究与信息、针灸、中药3个传统医学合作中心,在国际传统医学界有很大影响。

但是,由于东西方文化差异等诸多原因,海外民众对中医药文化的认知度和认同感普遍不高。下一步发展,需要中医联合诊所的出现,或较具规模的各科齐备中医医院。这就需要海外兵团财力,物力,人力及智力的优势组合。

3. 中医在“一带一路”沿线国家的发展

中医药是国家“一带一路”倡议的重要内容和最佳载体。迄今为止,我国与外国政府、地区组织签署了86个专门的中医药合作协议,其中绝大多数分布在“一带一路”沿线国家,为开展“一带一路”

中医药合作搭建了交流平台。

随着“一带一路”倡议的推进，也为中医药国际化带来了新发展。“一带一路”沿线国家和地区很多都有使用中医和传统医药的历史，也注重传统医学在医疗和保健方面的作用。特别是其沿线正是海外侨胞的传统的聚集地，经济、科技、文化、宣传等领域的侨务资源也非常丰富，这为中医药国际化奠定了良好的基础。2017 年 1 月，我国发布了《中医药“一带一路”发展规划（2016—2020 年）》，计划与“一带一路”沿线国家合作建设 50 家中医药对外交流合作示范基地，推出 20 项中医药国际标准。

（二）存在问题

中医药“一带一路”发展还面临着诸多困难与挑战，各国立法程度、经济发展水平、文化信仰各不相同；符合中医药特点的现代中医药研究方法学和国际标准规范尚待建立；中医药面临越来越多的法律障碍和贸易壁垒，进入国际医药主流市场进展缓慢；面向国际的中医药复合型人才队伍缺乏等，这些问题亟待解决。

1. 缺乏统一的中医药相关国际标准及规范

目前，国际上没有通行的关于中药的标准、规则和表达语言，西方往往用化学药的标准来衡量中药。标准是构成国家竞争力的基本要素，是规范经济和社会的重要技术制度。①中成药在走向国际市场的过程中却屡屡碰壁，其最重要的原因就是因为中成药在生产标准和成分检测问题上难以适应国际规则。②导致这一局面的原因有多种，包括文化差异、技术壁垒等，但最重要的是，目前世界上还

---

① 美国对药品的基本概念是：化学成分要明确，如果是复方制剂，其中每一种化学成分的药效、作用，乃至它们之间的相互作用对药效及毒性的影响都要清楚。在这种所谓正统药品概念的影响下，美国 FDA 的专家对于中药是很不理解的，他们不了解中药里面具体都有哪些成分，以及每一种成分的作用，以及中药在种植过程中的农药和重金属残留的问题如何解决。所以，这也是现在国内很多非常好的中药始终不能得到国际认可的症结所在。

② 中医药及传统医药相关产品的质量控制、生产工艺、药理毒理、临床评价和产品注册等标准不能完全仿制现代西药和植物药。具中医药及传统医药特点、被国家社会普遍认同的标准规范尚未建立，阻碍了中医药的国际交流与合作发展。

没有一部基于中医药特点而又能得到国际公认的标准体系。尤其是中药国际标准的缺失，为中药企业的“走出去”带来了巨大的障碍。①刘昌孝(2016)认为知识产权、国际标准和技术创新是现代创新发展的基础，而我国在中医药传统知识和知识产权保护研究与保护措施等方面的投入力度不够，没有自主制定相应的国际标准。

中医药的一个固有的特点是，缺少绝对精确的量化指标体系，不符合西方国家的科学文化理念。②中药质量难以标准化，不能与国际标准接轨。国外以安全为借口设置“绿色贸易壁垒”，阻碍了中医药国际化。当前，中国中药产品的出口受到国际市场的诸多限制，其中以重金属、农药残留和微生物限量为主。中国中药打入国际市场困难重重，严重阻碍了中药走向世界的进程。

西方国家评审药物的法规是针对合成药制定的，仅适用于单一成分的药物，因而成分复杂的中药很难通过FDA评审。尽管美国已制定了《植物药产品行业指南》，放松了对植物药的管理，也不可能完全不受合成药物标准的影响，更何况，西方植物药走的是西药路子，而中药远非西方植物药，更不能将中药降低为植物药。因此，中药仍难以以植物药药品身份(处方药、非处方药)进入美国市场。③

---

① 研究药用植物成分，搞分离提取，并非中药现代化的方向。如果将之作为开发新西药的途径，很好；如果看作是中药现代化，则是在埋葬中医药。

② 同为东方世界的国家，日本和韩国率先走向了西化和现代化，西化了的韩国和日本人必然要从现代科技的角度去考察和认识中医，因此，它们利用本国先进的科学技术来改造本国原有的中医药学，比如利用先进的西药提取和制剂技术进行中药西制，从原有的中药中构建能够有益于化学药研发的路途等。另外，近年来西方众多发达国家，如美国、法国和德国等国家的制药企业，在面对西药研发来源越来越少的情况下，也开始把目光转向中医药领域，企图在中医药既有的治疗经验指引下，利用现代科技去寻找新的化学药。

③ 中医药在“一带一路”沿线国家明确为立法的国家有新加坡和泰国。朝鲜、韩国、越南传统医学主要来源于中国的中医药学，目前也已被纳入国家法定医疗保健体系。印度、巴基斯坦、斯里兰卡、孟加拉国、缅甸等南亚国家已基本实现对本国传统医学的立法管理。英国是欧洲第一个正在对补充及替代医学立法的国家，然而2011年，英国突然宣布“不再保护中医师头衔”、“中医师作为草药师进行登记注册”，至今中医药立法仍呈停滞状态。意大利、俄罗斯只允许针灸开展医疗活动，但尚不承认中医。捷克、瑞典等其他欧洲国家尚未为中医立法，亦无明确的监督管理机构，只能由有执照的西医师或挂靠在开业诊所、执业医师名下的中医师开展服务。

中医药要走向世界，实现国际化，必须符合世界的标准，让国际主流市场接受。就应该在中医药理论的基础上充分运用现代的科学技术，吸收现代科学技术的方法，用现在的研究方法、直接语言进行表达，让西方人来理解它、认识它并认同它、接受它。这里所说的科技不仅仅是设备、设施和各种技术，同时还应包括检查和分析的方法。生物效价分析就是能够推进中医药国际进程方法之一，通过方法应用上的创新，力求打通过程当中安全性评价屡遭质疑的关键环节，搭建中西药药理分析的沟通桥梁，可以为中医药国际化之路扫清障碍。标准化是国际化"命门"。中医药走向国际靠科技，引领国际靠标准。中国标准完全能够成为世界标准。

2. 中医药文化难以被国际认可与接受

中医要走向世界所面临的挑战之一，就是东西方文化的冲突、东西方文化交汇的差异性。文化差异也是中医药海外发展的主要阻碍之一。陈雁(2012)认为中医药与西药间存在交流的困难，严重影响了中医药在海外的发展。面对"阴阳虚实、温热寒凉"的专业用语，生活在不同语境中的外国人，很难理解其中的深意。"说不清、道不明、听不懂"，成为中医药在海外发展的现状。由于东西方文化间的巨大差异，以及目前中国仍缺乏对中医机理和中药药理的深层次的定性研究和定量分析，还拿不出一套对于西方人而言能深入浅出的理论来说服西方人。①虽然目前西方人对中医药的认同程度日益提高，但掌握进口和管理大权的西方政府部门仍然抱有疑虑，这是造成中药目前仍难以通过欧美各国的药品管理规定，而作为药品进入其市场的主要障碍。②中医药在大多数国家和地区只是补充与

① 中医药与西医药分属两个哲学体系，理论与思维方法不同。中医重视宏观知识，西医强调微观知识。由于东西方文化背景不同，除千百年来受中国文化影响深远的周边国家之外，西方国家很难接受中医药文化理念，对中国习用几千年的一些药物和疗法不理解、不接受。

② 中医药"说不清、道不明、听不懂"的现状，极大地影响了中医药的国际推广。中药大多数是复方的，有效成分特别多，而西药成分大多是比较单一的化合物。中药配方来源于几千年经验积累，很难像西药那样解释清楚到底是哪种化学物质在起作用。但美国FDA验证的规定要求必须说清楚，由于文化的差异，中药进入美欧市场很难。

替代。中医药虽然传播到世界180多个国家和地区,但普遍难以打入国际医药的主流市场,大部分只能在华人圈子里使用。若是就医论医、就药论药,缺乏文化认同感,中医药“走出去”就只能永远在路上。

唯科学主义的意识形态导致了中医学界游离于中医理论之外,从西医和现代科技的角度去发展中医。于是中医学界的文化主体意识在唯科学主义的冲击之下已经日益淡化,这使得难以继续按着中医自身的发展规律去发展中医。失去了中医文化主体意识的中医学界在考虑中医药国际化时,必然从西方世界民众的角度去考虑,而不是站在中医药自主的角度去看问题。

中医药学凝聚着深邃的哲学智慧和中华民族几千年的健康养生理念及其实践经验,是中国古代科学的瑰宝,也是打开中华文明宝库的钥匙。西医研究的是物质的身体,它是一门技术,可以标准化,人才也可以批量生产,所以西医很强大。中医研究的是形而上的身体,它是一门艺术,需要灵感和悟性,所以很难像西医那样上规模。西方主流医学界的原则是辨病论治,验证药物疗效与安全性是采用“随机、双盲、安慰剂对照”的临床试验方法,难以对中医的辨证施治进行临床评价,中医“望、闻、问、切”的指标也难以标准化。中医是一门伟大的艺术,它有通天的手眼,高明的中医可以“司外揣内”,不需要现代化的检测设备就可以窥透人体内部的疾病。中医不仅可以在疾病的初级阶段发现它,还能提前消除疾病,这就是常说的“中医治未病”。

中国目前的中医药国际化战略和具体措施完全是站在唯科学主义意识形态的基础上产生的,它可能在短时间内可促进中国中医药对外贸易的增长,但是这种短视的行为对中医在中国国内的发展和国际化却产生难以估量的负面作用。一方面中医在漫长的科学化改造过程中被置为认识的对象,使得大量的中医人士成为了思维方式、研究方法和知识结构西化了的科学主体,继而游离在中医理论之外,导致中医队伍西化性的异化,加剧了中医在中国国内的消亡;另一方面西方世界正在遭受西医带来的医疗困境,迫切需要另外一种有效的医疗体系来缓解,当我们把科学化的中医药出口到这些国家时,他们最终会唾弃这种与西医几无差异的伪中医。

问题的根源在于中西医看问题的角度不同。中医药学从宏观角度看问题,将人看作一个有机的整体,机体的各部分相互影响。中医药有宏观准确性,缺少微观精确性;而西医药学则从微观看问题,采用分析法,不把人当成整体,而视为各零件的组合,有微观精确性,却无宏观准确性。认识论告诉我们,宏观可以统帅、包括微观;微观只能说明和解释宏观,而不能统帅和包括宏观。因此,中医药可以融合西医药,西医药却难以融合中医药。也可以说,中医药博大精深,再有两百年,西医药也赶不上、也理解不了中医药。

3."削足适履,全盘西化"毁了中医药

在经济一体化的今天,中国各行各业纷纷强调要和世界接轨,很多人认为"中药也要主动与世界接轨才能生存","中药国际化就是按照西药的标准改造中药,用西医的理论解释中药","让中药和西药用同一理论体系(西医药的理论)交流,中药自然就国际化了"。近两年,不少人认为,中药现代化就是要弄清中药的有效成分,就是搞植物提取物,就是与国际接轨,就是得到美国 FDA 的认可,就是进入世界主流医药市场。西医是对抗医学,中医是中庸医学。事实上,中药完全不同于西药,无论是理论依据、架构、思维模式还是研究方法,都有其独特性。中医还是一门哲学,一门关于人生的哲学。学好了中医不仅可以治病救人,还可以修身养性,成就人生的其他事业。

从治疗方法上举例说,中医与西医对待癌症的看法就很不一样。西医看待癌症是一种"你死我活"的做法,西医发现肿瘤后,首先是手术切除,然后通过放化疗,把一切残留的肿瘤细胞杀死,这一过程中增殖比较快的毛发组织和胃肠道组织由于与肿瘤细胞特性相似,必然会受到损伤。在一场"赶尽杀绝"治疗过程中,患者的身心都遭受巨大的损害,肿瘤细胞算是暂时控制住了,但能承受住这一番折腾的患者生存质量大大下降。中医看待肿瘤是身体平衡的失调,通过调和达到身体的再平衡,通过中药激发自身的免疫调节机制,控制肿瘤生长甚至消灭肿瘤。有些患者肿瘤没有消失,但是可与患者“和谐共存”十几年。

中国古代有四大发明——火药、造纸术、活字印刷和指南针,其实还应该加上中医。人体是完全一样的,但中西医对人体的认识却完全不同。中医是全面整体论,西医是分析实证论;中医是宏观调控,西医是微观治理。这就像瞎子摸象,中医想方设法用仅存的一点视力看到了一个整体但朦胧的大象。而西医呢?则完全不用自己仅存的那点视力,而是靠手去摸,结果摸到的是一头“支离破碎”的大象。可以这么说,西医是显微镜,它看得仔细真切;中医是广角镜,它的视野很宽广。其实,中医有中医的长处,西医有西医的优点,我们不能用中医的思维方式来认识西医,也不能用西医的思维方式来认识中医,更不能取缔中医。中药现代化是要发展完善中药而非西化中药。中医药现代化的目的是什么?是把当代最新科学技术、手段、方法、设备融入中药研究、生产、应用中,从而发展完善中医药的一个过程,而不是要把中药西化为西药。①

产品形式也是中医药国际化的羁绊。中药的传统产品形式,主要是古老的丸、散、膏、丹等,服用不便、口感不好,不适应国外患者的服用习惯。中药材传统的加工方法简单、原始,技术含量低,难以保证质量稳定,农药残留量、重金属含量等指标也达不到国际检测标准,这些都制约了中成药产品出口。某些中成药含有进口国限用

① 2004年9月,美国人汉·拉什(Han Ruesch)在颇具影响的《医学成就》(Medical Achieves)杂志写了一篇题为《洛克菲勒药品帝国的真相》(“The Truth about the Rockefeller Drug Empire”)的文章。该文坦白地指出,洛克菲勒及其家族以学术基金会的名义,捐了一点钱给中国的医药界,美其名曰“帮助中国实现中药现代化、科学化和国际化”,目的就是要中国人对自己的中医药学术的根源与体系产生怀疑,以至于厌弃。然后打出拯救“中医中药”的美名,以“中医药国际化、科学化就是西化”的幌子,达到彻底操纵、把控中国的中医药及其市场,完全有他们的战略预谋。文章中还讥笑有些中国学者、某些地方官员很贱,说用很少的钱就能收买了他们,懵懵懂懂地就出卖了中国最宝贵的民族医药文化和知识遗产,心甘情愿地为他们效劳。

或禁用的成分，如汞、铅、砒霜等矿物、动物和毒性植物，也影响了中成药出口。

四、中医药国际化的新机遇

未来十年是实现中医药全面走向国际、在世界范围获得丰富与发展的关键时期。特别是“一带一路”为中医药国际化提供了广阔的发展空间，国际合作潜力巨大。随着“一带一路”倡议的务实推进，沿线国家的人民对中医药服务逐步接受和应用，中国健康产业在国际合作交流中迎来重大历史机遇。

国际化已成为中医药发展的大趋势。中医药注重整体、标本兼治、调节机体平衡等辩证治疗思路，越来越受到国际社会重视。伴随着中医药理念逐渐被世界各国所接受，中国中医药受到了国际社会越来越多的关注，全球对中医药产品的需求也日益增加。

《中医药发展战略规划纲要(2016—2030年)》明确了未来中医药发展方向和工作重点，成为了新时期推进中医药事业发展的纲领性文件。在政策正确引导下，中医药的巨大潜力正在被释放，中医药产业发展即将步入加速期，产业升级成必然趋势，中医药产业或将成为医药产业发展的突破口。《纲要》明确提出：“鼓励中医药企业走出去，加快打造全产业链服务的跨国公司和知名国际品牌。”

“一带一路”倡议为中医药与沿线国家开展合作提供了良好的发展机遇。中医药将参与“一带一路”建设，遴选可持续发展项目，与丝绸之路经济带、21世纪海上丝绸之路沿线国家开展中医药交流与合作，提升中医药健康服务国际影响力。在“一带一路”倡议背景下，随着国家对推广中医药的关注，蕴含着中国传统文化的中医药一定能走向世界。中医药是中华民族文化的载体之一，中医药国际化实质上是中国梦的体现。

中医药在“一带一路”拥有良好的基础，发展空间十分广阔。“一带一路”沿线不少国家和地区都有中医药或传统医药的使用历史，十分注重传统医学的保健功能。早在两晋南北朝时期，中医药就传入了朝鲜、日本，并逐步影响到东南亚各国；到隋唐五代、宋元时期，鉴真东渡日本，玄奘西行取经，进一步加强了中医药与周边国家的交流。

良好的群众基础为中国中医药产品的出口提供了广阔的空间。借助“一带一路”建设，中医药交流合作在丝路沿线变得日趋频繁，中医药也逐渐在沿线国家“生根发芽”。统计数据显示，“一带一路”沿线国家和地区在中国中药进出口贸易中占据着重要地位：“一带一路”沿线国家和地区已经成为我国中医药贸易的新增长点，2007—2016年十年期间，中国对“一带一路”沿线国家的中医药贸易额占我国中医药出口额的比例均已过半。

民生领域合作是沿线国家广泛关注的重点领域，而其中医疗体系的可持续发展，又是“一带一路”沿线国家和地区普遍面临的难题。中医药自身的特色和优势符合国际医疗发展的新趋势，顺应了世界医药市场的新需求，具有巨大的发展潜力与合作空间。中国国家中医药管理局已经与外国政府、地区组织签订了众多中医药领域的合作协议，这些协议的签署国（地区）绝大多数分布在“一带一路”沿线国家和地方。

作为中国传统文化的瑰宝，近年来，中医药在防治重大疑难病方面的价值越来越得到世界认可，成为中国全新的对外合作领域。以服务“一带一路”倡议为契机，中国中医药迎来了与丝绸之路经济带、21世纪海上丝绸之路沿线国家开展交流与合作，提升中医药健康服务国际影响力的难得机遇。借助国家“一带一路”倡议机遇，中医药文化成为继高铁、核电、特高压之后，中国在国际上的新产业名片。

现代医学的模式从生物模式向生物、心理、社会、环境综合因素的医学模式的转变，医学目的的调整也从以疾病或以治病为目的对高科技的无限追求，向更加注重预防为主，向预防疾病、维护健康、防止损伤医学目标的调整。这个调整跟中医的整体观、系统论、辨证论治和中医的养生保健，这些理念和方法非常吻合。也就是说中医的发展可以说是代表着未来医学发展的趋势和方向。

中医药文化吸引“一带一路”沿线国家目光。自古以来，中医药作为海上、陆上重要资源纽带和载体要素，为中国对外交流、服务世界人民健康福祉做出了重要贡献。当前，中医药依然在与“一带一路”沿线国家交流中发挥着重要作用。①

国务院办公厅下发的《中医药健康服务发展规划(2015—2020年)》中，提出要大力推进中医药服务贸易，其中“遴选可持续发展项目，与丝绸之路经济带、21世纪海上丝绸之路沿线国家开展中医药交流与合作，提升中医药健康服务国际影响力”被列为中医药服务贸易重点项目之一，助推中医药更好地参与“一带一路”建设。

五、中医药产业国际化的发展思路

中医药文化正在成为对外交流的一张名片。中药国际化关键要上升到国家的战略，需要包括外交、教育、文化、商务，包括知识产权等多部门共同结合起来，促进中医药更广泛地国际化，真正让中医药更好地为世界各国人民服务。

(一) 文化先行

中国的中医药国际化绝不能是自己怀着一种文化自卑的心理向国际社会被动地乞求，而是中国主动地向世界传播中国固有文化的过程。目前，虽然西方一些发达的国家，诸如美国、法国和德国等，对中医药发生浓厚的兴趣，但是他们并不是真正理解中医文化，而是秉持着他们的西医和现代科技意识从中医药中去寻求西医西药发展的新路径，比如在中医理论的指导下利用其先进的科技从中

① 数据显示，截至2017年底，在“一带一路”沿线国家建立了17个中医药海外研究中心。作为“一带一路”经济走廊的源头，新疆、甘肃、云南、广西、福建等地的医、教、研、产机构都与64个国家开展了中医药交流合作，并取得了许多成果。

药中解析出新的有生理活性的化学物质,达到进一步强化他们在西医药领域的优势,同时解决西医药面临的发展困境。因此,从中医文化自身的特征来看,中医药在这些国家要被完全接受还为时尚早。

中医药文化与固属于西方理性主义文化的西医和现代科技的认知体系不同,因此西方理性主义文化的国家要真正接受中医,就要先纳入能够包容和理解包括中医在内的中国固有文化的元理论框架,这就是说西方世界必须进行一次中国文化的启蒙应是中医药文化国际化的前提。西方人如果不学习中国固有的文化,不具备接受中医理论的东方文化知识的基础,他们是不可能理解中医理论并接受中医药的。中医的国际化战略必须伴随着中国固有文化的西传。事实上,西方人已经意识到中医文化与他们文化之间的差异,不少西方学者也在试图从东方文化的角度来理解中医和传播中医,倒是我们中国人为了别人的方便却在践踏自己的中医文化。因此,中国的中医药国际化也就是中国对西方社会进行中国文化启蒙教育。①

中药不易被国际医药市场所接受,不是因为其疗效,而是因为在用药理念上与西药存在冲突和差异。因此,通过中医的推广和示范作用,宣传中医文化,可让更多民众了解和认可中医药。大力传播中医药文化,让文化为营销开路。加强与丝绸之路沿线国家的中医药合作,首先应促进合作国家对中医药的认识、认可和接受。要把中国传统文化的精髓中医药文化推向世界,向海外民众传播中国

① 而西医东传是一个西方人主动传播、中国人被动接受的过程。西医的传播者并不是按着中医理论的形态去改造西医,并用中医理论去论证西医理论的合法性,而是主动地积极宣扬其依赖的文化和其医学体系的优势。事实上中国人接受西医也是经历了一个漫长的过程:首先,我们用理性化的现代白话文代替了古文言;其次,我们开始制造大量的前所未有的词汇来表达古文言不能表达的西文意境。我们在做了大量准备工作的基础上才开始有效地接受了西方文化,此后,国家强制性地对国民不断地开展数理化等西方文化基础知识教育。中国人在掌握了大量的西方文化基础知识以后,才具备了接受和发展西医学的素质。因此,我们学到的是原汁原味的西医,而不是经过西方人有意识地改造的伪西医。

健康的生活方式，让更多的中国好医药产品在海外得到认可。

文化交流是中医药国际化的重要基础，要为中医药的发展创造更好的文化氛围和软环境。中医药的形成和发展与中国特有的文化密不可分，只有进一步研究和了解中国文化与中医药学学术本体，才能真正认识到文化交流的重要意义。要使全世界更多的人认识、接受、共同享用中医财富，需要认真考察各国、各民族的文化习俗和科学进步水平，立足于中医药现代化、国际化长远战略目标，开展多层次的文化交流。

植根于中国文化土壤的中医药学之所以昌盛发展，向来得益于中国悠久的传统文化。西方人不具备这一文化，甚至抵制这一文化，是因为有其自身的文化，因而只能从自身文化所能解释的认识着手，接受中医药技术层面和客观疗效方面的东西，如“针灸”、“草药”。因此，重视文化交流，逐步消除“文化屏障”，以科学的态度宣传解释中医理、法、方、药的有效机理和文化内涵，使世界范围内更多的人信赖中医药，才是中药现代化、国际化的重要基础。

植根于中国悠久的中国文化中的中药产品，其真正意义的国际化发展，是产品自身的价值，而更深层次的内涵，则是靠中医药文化的国际化发展，二者相互依存，相互促进。尽管世界各国有着民族、法律、文化的不同，对中医药的认识也不尽相同，但中医药的开发与利用毕竟是人类健康的组成部分，它的过去、现在都有强大的生命力，足以证明将来发展的巨大潜力。利用数千年来中华传统文化在丝绸之路的深远影响，把中医药作为打开中华文明宝库的钥匙，抓住外交外贸、技术援外、劳务输出等一切机会，向“一带一路”沿线国家和地区传播中医药，让沿线各国各地区人民在逐渐了解、认可、接受中医药文化，接受中医药服务。

让不相信中医的外国人看中医、吃中药，必须从文化宣传做起，而这种文化的渗透和影响并非一夕之功。同仁堂是一个有着几百年文化积淀的品牌，在海外不只是单纯经营产品，也是在传播中国的文化，每家药店既是经济实体又是文化载体，承担着经济发展和传统中医药文化传播的双重职能。同仁堂通过举办各种健康咨询讲座、赠医施药等活动，让外国人接受中医中药，再以产品质量和精湛的医术让外国人信服它，这一步虽然艰难，却奠定了同仁堂海外拓展的基石。

中国国内的一些中医药科研院所和西方国家的一些院校联合并办中医学院，培养其国内的中医人才，也是一条传播中医药文化的重要途径。但是，无论我们采取哪一种途径对外传播中国固有文化，必须是以中国文化在国内得到强有力复兴为基础的，这种基于中医文化主体意识之上的国际化战略思路是中医正常的传播途径。

中医的理论要被世界认同，首先要对中华文化的认同，所以要把文化的传播作为中医走向世界的前提，应该要积极传播中华文化。让大家了解中华文化，进而了解中医的理论体系，这样能够更好地促进“走出去”。

（二）丰富中医药产业链

在中医药国际化过程中，要突出大健康、治未病、养生产业链，充分利用新技术提升传统中医产业发展模式和业态，实现产业链的创新和集成，促进大健康产业高端化。

全面打造“大健康＋大平台＋大数据＋大服务”体系的“互联网＋中医药全产业链”，打造的中医药全产业链发展模式，特别是形成用“互联网＋”深度布局医疗产业发展的新模式，推行互联网大健康平台。打造中医药全产业链，强化“互联网＋医疗”战略，让中医药行业的互联网＋中医药全产业链模式进一步完善。吴晶晶和高山(2019)认为“一带一路”倡议为中医药的“互联网＋”的模式提供了新机遇，缩短了供应链，增加了企业竞争力。利用现代化的手段和思维重新构建中医药产业生态体系，在新的生态体系中，企业间既要有适度的竞争，更要有彼此的相互依赖与合作，通过合理的分工、有序的竞争和紧密的合作，共同把中医药产业生态做大、做精、做强。

通过国际化，逐步形成以保健产业和医疗康复、健康养生、健康管理与服务产业为重点的大健康产业新格局，形成了一条集药物研发、药材种植、有效中药组分分离、制剂生产和市场营销各环节的现代中药产业链。推动项目建设，启动一批示范性强、带动性强、针对性强的重大中医医疗、保健、教育、贸易等项目，为中医药海外发展提供有力支撑，让更多国家的民众了解中医、享受中医、喜欢中医。

在行动计划上，可围绕"一带一路"倡议目标和任务、《中医药发展战略规划纲要(2016—2030)》，落实中医药"一带一路"建设重点项目。随着"一带一路"建设的不断推进，中医药走出国门的步伐也不断加快。目前，甘肃发展中医特色生态养生旅游产业，通过与俄罗斯、乌克兰、吉尔吉斯斯坦等国开展的中医药合作，以沙疗、水疗、药疗等中医特色疗法吸引国外游客前来游览、体验，从而带动相关产业发展。除了推广中医药外，还在中医养生旅游、中药材出口、临床研究合作、人才交流、毛发移植、整形美容等方面展开深度合作。

开创"以医带药"的经营模式。要想让中药进入西方市场，必须让中医来开路，以医带药，药在其中。对于中医药尚不熟知的国家，要增开诊所，让消费者在医疗体验中认知中医中药。只有对中医相信了，中药的销售才会出现顺带的结果。同仁堂在海外的发展战略是先贸易，后办店；先经营，后生产；先亚洲，后欧美，循序渐进，稳扎稳打。经过 20 年的拓荒创业，同仁堂走出了自己独特的"经济与文化相容并进"发展之路，成为中医药行业"走出去"的成功典范。"名店"、"名药"、"名医"形成了同仁堂特有的海外经营模式和独特魅力。

建立"一带一路"沿线国家传统医学合作机制，重点开展中医药产品和服务贸易。通过"一带一路"沿线各国政府引导与市场运作相结合的方式，协调各国资源和力量，积极扶植和鼓励中医药企业在海外建立研究基地、营销网络，加强中药产品物流国际配送网络建设，举办产品推介会、招商会及展览会，依托商会、协会等中介机构，实施出口代理等手段，扩大中药的货物贸易，拓展国外中药市场。并联合"一带一路"沿线各国,建立稀缺濒危传统药资源保护预警系统,实现优势资源互补。

立足贡献导向、创新驱动的产业发展思路,重点做好中药资源利用和保护、中药临床评价、中药品种质量、技术升级换代、中药国际化,服务于"一带一路"倡议等。坚持实施知识产权保护战略,构筑了由"核心专利、外围专利、防御专利、竞争专利"构成的复合型、网状专利保护体系。

(三) 推广中医理念

强化"一带一路"沿线各国中医药及传统医学合作机制,建立以规范标准为核心的知识产权保护和贸易合作关系;强化"一带一路"沿线国家政府和企业界、社会团体间的交流与合作,加强对相关国家的人文、地理、文化和传统医药体系的了解,巩固并拓展与"一带一路"沿线各国政府间中医药合作,开展中医医疗合作、中医教育合作及中医科研领域合作。巩固并拓展与"一带一路"沿线各国政府间中医药合作,开展中医医疗合作、中医教育合作及中医科研领域合作。在推进已签署的各类中医药双边合作协议落实的前提下,可根据丝路沿线各国中医药及传统学特点,有优先开展有针对性的中医药医疗合作、教育合作及科研合作。

扩大"一带一路"沿线国家中医药民间合作与交流。推动"一带一路"沿线国家中医药及传统医药民间学术交流,将进一步促进"一带一路"沿线各国中医药国际合作的全面开展。国家应该鼓励和加强与世界各国中医药学术的交流、沟通、协作,以增进世界各国家和地区中医药人员之间的了解与合作,提高中医药业务水平,保护和发展中医药学,促进中医药进入各国的医疗卫生保健体系,推动中医药学与世界各种医药学的交流与合作,为人类的健康做出更大贡献。

通过世界中医药大会提高国际社会对中医药的认知度。世界中医药大会是全球性的高层次的学术大会,被称为"中医药的奥林匹克”,是世界中联的第一级学术平台。来自世界各地的中医药界医疗、教育、科研、文化、中药产业等学者一起聚会这个综合性大平台。一是进行了广泛的学术交流,不仅涉及有关中医药发展的战略政策研究、科学研究的新思路、新成果,还推广一些新技术、新疗法。二是信息交流。世界中医药大会本身就是一个巨大的信息交流平台。代表们带着不同国家、不同地区、不同人种对中医药的各种认识和临床实践信息,来会场充分展示与交流。三是促成一些合作项目。参会者不管是来自美国、中国,还是来自新加坡,都愿意把自己最新的成果展示出来,提供合作的可能。在墨尔本大会上,就有多项医疗和培训达成了合作意向。

建设中医学院。鼓励和扶持优秀中医药机构到境外开办中医医院、连锁诊所,共同开展中医药技术推广、文化交流、科研合作。我们可以通过文化交流的形式,在国外建立“仲景学院”、“华佗学院”,向国外民众宣扬中医药文化,传授中医药知识。当然,要把“仲景学院”、“华佗学院”办成推广中医药文化的教育和文化交流机构,由政府支持下的非营利性的社会公益机构。借助岐黄中医学院、中医中心等平台,甘肃陆续派遣了多批中医专家前往所在国家开展中医教学和义诊,通过面对面交流体验,使得当地国家民众崇尚中医的气氛日趋浓厚①,正在成为向丝路沿线国家推广中医药的重要基地和主要载体。以美国为中心,建立中医与西医对话的学术高地,着力推动与美国著名高校及研究机构开展高层次医教研合作项目,探讨并获取中医临床有效性的权威科学依据,突破中医走向世界的最大障碍,占领学术、医疗制高点,提高中医药话语权。

中医药信息共享和人才交流。应该建立国际中医药信息共享平台,收集、整理、加工、完善国际中医药产业、市场营销、科学研究、教育培训、政策法规等方面信息,供大家交流学习。建立中医名院、

① 随着甘肃中医药在“一带一路”沿线部分国家生根开花,以此为媒,2013 年以来,甘肃省先后与乌克兰、吉尔吉斯斯坦、摩尔多瓦、俄罗斯、匈牙利、马达加斯加、韩国等 20 多个国家建立了合作关系。

名中医专科、名中医、名中药厂的信息资料库,促进中医药在国际上的传播和利用。应用影视信息技术,宣传中医药的特色与优势,扩大中医药在国际社会中的影响;应用网络信息技术,联合国内知名中医院,开展国际远程中医健康咨询、诊断和治疗。首创中医科学杂志,致力于搭建最具权威性的英文学术平台,向国际输出最前沿、最严谨的中医药研究成果,传播各国中医药政策及相关产业发展的信息,反映当今世界中医药研究的最高水准。此外,中医药本身也在发展进步,应该将最新资讯向各地发布,提高全球中医药从业人员的水平。在保持信息顺畅的同时,也应该加强人才的交流。通过建立专门的中医药人才交流组织,建立全球中医药人才库,了解掌握全球中医药人才发展壮大的情况以及各方面人才的专业特长。定期、不定期地以访问学者的形式或者以劳务输出的形式组织派出各类中医药专家和专业技术人员至各国相关机构服务。鼓励和扶持高水准的中医药人才到国外积极从事和参与国际合作事业,吸引国外学者来中国进行中医药学习和交流。将需要的人才送往需要的地方,也是中医药国际化发展的重要方面。

开办中医药国际培训。中医药国际化进程离不开中医药人才的培养,我们应该通过开办各种不同层次的学习班、培训班,开展继续教育、开展新技术、新方法的推广培训,提高国际中医药人才的专业水平。培训之后通过考试、认证等一系列手段,保证培训的效果。同时注意提高认证的国际认可度,使获得该认可的中医药人才在世界范围内得到承认,从而推动中医药的国际化进程。推进多层次的中医药国际教育交流合作,吸引更多的海外留学生来华接受学历教育、非学历教育、短期培训和临床实习,把中医药打造成中外人文交流、民心相通的亮丽名片。

建设中医药博物馆,搭建"一带一路"优秀文化传播平台。中医药文化作为中国传统文化知识体系的重要组成部分,其认知度、影响力和显示度,不仅仅关系到中医药学的发展,而且关系到国家文化的传承和发扬。一方面,制定博物馆建设方案,以最直观的实物形式展示中医药学的丰富内涵；另一方面，以大容量低时耗的有效传播方式建设博物馆，充实博物馆的展品，遵循科学与人文结合、传承与创新结合、传统与现代结合的展现方式。此外，还应开拓思路，综合考虑国际传播规律，多元化建设博物馆，提高中医药博物馆在"一带一路"沿线国家乃至全球的影响力。借助"一带一路"倡议，大力弘扬、推广中医药文化，是维护国家影响力、提高国家软实力的重要手段。

中医学重视人本身的统一性、完整性，形成了中国特色的整体思维，当代中医的核心价值体系正需要整体思维来重铸。当今，有人认为中医空虚神秘，无法实证，近似"巫术"，于是鼓吹"去中医论"。然而事实是，中医药的种种不解现象，通过中外的科学研究，逐渐拉开其神秘面纱，中医所面临的科学实证难题，越来越被认为是当今科学局限性所致。因此，政府部门要理直气壮地为中医文化的繁荣撑腰打气，积极发挥牵头作用；高校、医院、社会团体等组织应该发挥不同优势，相互协作，尤其是要发挥中医药类高等院校的作用，培养好中医文化继承和发展的重要力量，使其成为中医文化智慧源泉；要启动国家层面的中医文化核心价值体系建设，明确发展目标、纲要、规划，制定中医国际化实施方案，确定突破目标、精细部署、分部实施，本着先易后难的原则有计划、有步骤地将中医文化、医疗进行推广普及。

（四）构建跨国营销网络

紧密配合、服务国家"一带一路"倡议，构建中医药国际化交流平台，培养中医药国际化人才队伍，增强中医药在世界卫生健康体系中的话语权。由政府牵头和推动，形成学习、研究、推广和促进中医药的平台，构建跨国营销网络体系和推广机制。

组建"中医药国际化产学研联盟"，联盟由政府部门、企业、大学及研究机构、融资机构组成，并在国家层面设立联盟的常设机构，组成单位根据各自的优势承担相应的分工。代表国家利益，以联盟名义出面，组织联盟成员进行各种对外活动，接洽国外有关机构、组织各种谈判，在利用各种场合传播中医药文化的科学的同时，发挥对主要国家植物药（包括中医药）法规制定与完善的积极影响，为中药国际化创造有利的国际政策环境。

中医药要想在西方国家打开市场，不能指望对方国家先敞开大门，然后我们堂而皇之地进入，再做普及推广工作，那是白日做梦。营销是企业与市场联系的桥梁，一个企业的营销能力是企业生产技术、服务技术和管理技术水平的综合体现，增强中药企业的营销能力是中药产业发展的重要动力。没有营销的企业巨人最终是破产的"矮子"，卖不出去的商品就是"废品"。中药企业要想方设法使中医进入对方国家的百姓生活当中，让他们在医疗实践中认识中医药，喜爱中医药。

发展一批优秀企业作为整个中医药行业发展的标杆和"领头羊"。组织建设以国内创新中药企业为龙头的中医药国际化研发体系，包括名优品种遴选与技术评价体系、以临床研究为重点的技术研究体系、商务谈判与法律保障体系以及投资与融资体系等，调动各种力量，真正做到"官产学研资"的多层次、多学科有效联动，从根本上改变目前"口号多，行动少；单兵作战多，集团合力少"的被动局面，实现中药真正意义上的国际化，进入国际主流医药市场。加快建立以企业为主体、市场为导向、产学研相结合的技术创新体系，引导和支持创新要素向企业集聚。通过企业并购，构建跨国营销网络。利用当地销售网络，可以为企业在国际市场销售产品开辟新的道路；企业并购也可大大缩短市场开发时间，减少市场准入成本；另外，还有助于扩大生产规模、开拓新的市场空间。

重视属地管理和营销模式，积极融入当地市场。通过与当地政府的密切合作，可使企业产品销售得到保证，通过对当地教育、卫生、就业等事业的支持，也可得到民众对企业品牌的了解和认可。同时，招募本地员工并进行培训，也可减少企业文化与当地环境间不适应现象的发生，有助于企业在当地的发展。企业在拓展国际市场时，应积极树立国际品牌，注意品牌维护，可首先在华人区域开店，利用华人对品牌的认同来提高这些药店的辐射作用。

在内外统筹上，支持在国内建设一批交流合作基地，支持在国外建设一批中医药体验示范中心，推动中医药机构沿着“一带一路”沿线国家“走出去”，夯实“一带一路”建设，促进中医药海外发展。大力推进中医药服务贸易，将中医药健康服务推向世界，加深学术交流层次，积极参与到“一带一路”建设中去。

建设海外中医药体验中心将成为中医药国际交流发展的新模式。海外中医药体验中心不仅可以推动中医药文化传播，推动更多中国生产的医药产品进入国际市场，并且可以践行国家“一带一路”倡议，与沿线国家开展更深层次的合作，在海外推广中建立集食疗、美容、按摩、保健、中医为一体的完整医疗保健体系，从而形成品牌效应。本着政府支持、民间运作、服务当地、互利共赢的原则，发挥中医民族医药的优势，建设一批传统医疗健康养生服务中心、中医中心和特色药物中心。

建立中医人才培养机制。①中医的魅力往往体现在独有的个人医疗能力上，中医及其文化的繁荣，归根到底需要一批以推动中医学为使命的人来完成，建立人才培养制度也必须尊重中医人才的个性化需求。要兼容并举建立好人才培养规划：建立“国医”制度，帮助一批著名中医建立“实验室”，培养中医“硕士生”和“博士生”；要建立“中医骨干”体系，培养一批医德高尚、理论功底深厚、临床疗效好、群众公认的优秀中医临床人才。与国外医疗机构合作，输出中医师、中药师，向国外公众直接提供医疗咨询服务。也可以在国外推行师承制，接受国外人士拜师学医，让国外公众更直接、更感性地

① 中医药教育从跟师带徒过渡到高等院校，能大批量“生产”人才，但由于其主导思想的异化，并未真正突出中医药的学术特点，因而，难以保证大学生们学到“真本事”，也就出现了不断有高学历、高职称的中医药高级专家“横空出世”，却不能熟练掌握中医药辨证论治的尴尬局面。所以，应积极探讨中医“师带徒”与现代“批量”人才生产相结合的最佳模式。

接受中医药文化,理解中医药文化,促成其消费兴趣和消费习惯。

实施中医药海外发展工程,推动中医药技术、药物、标准和服务“走出去”,促进国际社会广泛接受中医药。中医药国际化应始终坚持中国文化特色,坚持中医药文化特点,既销售药品,又传播文化,在把品质优良、疗效显著的药品销售到海外的同时,也把中国文化特别是中医药文化带到海外。

(五) 掌控中医药标准化

当今世界,中医标准化水平已成为各国各地区核心竞争力的基本要素,是中医药现代化、国际化发展的基础,是更好地实施“一带一路”倡议的保障(王跃溪等,2018)。谁掌握了标准的制定权,谁就在一定程度上掌握了技术和经济竞争的主动权。没有标准是走不远也走不长的。我们应该制定中药生产标准,抢占标准竞争的制高点,实现真正意义上的中药国际化。

标准之痛,一直困扰着中药国际化。目前中国还未能建立适合中药特点的质量控制标准体系,这不利于中药产业本身的发展,也阻碍了中药走出国门。由于没有中药的国际标准可供参照,西方国家基本以西药或者食品的标准来严苛我国中药产品质量。就中医药而言,中国无疑应该掌握该领域的主导权。但目前,中国存在中医药标准研究力量薄弱、中医药标准制定发布程序不规范、中医药标准实施推广措施手段较少、中医药标准化相关法规不够健全、缺乏专业的中医药标准人才等问题。这都成为限制中医药标准化的因素,加之中医药学自身的特点及当今科技水平的限制,无形之中加大了中医药标准化的难度。

中国中医药产业出海为何迟迟难以破局?标准化问题是关键。当前,中医药“走出去”的战略要点就是要解决标准化问题。龙头中药企业要对中医药进行大量的基础研究,特别是临床研究,做好中药的机理、不良反应、毒理、临床疗效等方面的现代医学研究,去伪存真,融入新知。同时,要联合政府部门,对中医药概念和事物制订统一的国际标准，严格把关中药的有效性、安全性，实现质量控制。只有拥有了自己的中药国际标准，才能真正保护祖先留给我们的宝贵财富，才有机会利用中国中药标准与国际市场沟通交流，而不是疲于应对国际贸易摩擦，才能真正使中药走向国际。

中医药起源于中国，我们对其标准的制订更有发言权。在当前各国争抢中药标准的制定权的背景下，为中药量身订制国际标准是当务之急，中药的国际标准应该也必须由中国来制定。标准制定要很大程度上尊重传统中医药，制定过程中要把当代最新科学技术、手段、方法、设备融入中药标准研究制定、使用和推广上，而不能把中药标准化为西药。中药国际标准并不是一味强调中药某个单一化学成分的多少，而是注重整个中药质量的稳定一致。

研究中医药国际化的时候，其基础是中医辨证论治的理论基础。望闻问切只是中医里的诊断方法，辨证论治是中医药的核心。但是我们如今一定要转变方法、转变语境、转变技术路径，用现代科学技术实验的方法，用现代的计算机技术及大数据平台，将传统的中医理论及老中医的临床经验翻译成数字语言，将中医临床诊治的名词，变成外国人也能懂的语言。中医体系若想创新就需要大数据。比如说，通过长期的大数据积累，把辨证论治的数据储存起来，那就能找到新的中医诊断技术和方法，未来符合中医的诊断设备将会被源源不断地发明出来。

同时需要指出的是，中药不同于植物药，不能用西方植物药的标准等同或凌驾于中药标准。中药和植物药是两个完全不同的体系，两者存在明显不同。中药是以中医理论为基础，讲究“君臣佐使、升降沉浮”，是整体的治疗理论。植物药则是简单的单药材或者混合药材的提取，讲求的是活性成分，是类似于西药的对抗治疗理论。西方植物药标准实际是披着植物外衣的西药标准。要让世界向中药接轨。意图通过询证医学与其他世界通行的现代医学研究方式，与发达国家法规接轨，共同研究一套适应中医药研究和评审的标准，建立起中医药的有效方法学和标准化体系。

国家职能部门应加强与“一带一路”沿线国家在药品注册方面的沟通与合作，促成中成药在沿线国家药品注册及相关医药管理法规的认可，同时强化以规范标准为核心的知识产权保护和贸易合作，推进中医药文化与沿线国家传统医学文化融合发展。建立中医药国际标准与认证体系，树立中医药的国际化品牌。推进产品形式创新，努力开发新产品，以现代制剂技术为依托，创新产品样式，为传统产品注入现代科技，变“丸、散、膏、丹”等传统剂型为片剂、针剂、颗粒剂、胶囊剂等现代剂型，适应现代体验型消费要求。与国外著名的医药科研机构、大学和医疗机构合作，开展中医药临床研究，推进中药产品质量标准以及检测手段的国际化。

联合“一带一路”沿线各国共同制定并推广中医药与传统医学国际标准，并开展传统医学知识产权保护合作。推动传统医药相关标准的联合开发与制定，率先倡导“一带一路”沿线各国制定统一的传统医药标准，建立传统医药国际标准化信息交流渠道，推进传统医药国际认证认可体系建设。我们要积极参与健康相关领域国际标准、规范等的研究和谈判，完善中国参与国际重特大突发公共卫生事件应对的紧急援外工作机制，加强同“一带一路”沿线国家卫生与健康领域的合作。引导建立国际社会能够接受和认可、适合中医药特点和各国（地区）具体情况、包括疾病诊断、治疗方法、疗效评价、质量控制等在内的传统医药医疗、保健、教育、研发和生产的国际标准和规范。

中医药国际化不应该是“西医药化”，而应当是中医药体系融合吸收现代文明新元素的转型升级，中医药体系和西医药体系既有相互融合、也有独立发展。固步自封和全盘西化都不是中药国际化的理想路径，中药国际化必须走出一条创新的新路，打造中药自己的国际标准，探索一条适合中药本身又能让世界理解、便于沟通的新路，同时利用中国传统文化“走出去”的契机，开辟中医药国际化新天地。

六、结　论

中医药国际化有助于提高中国的国家软实力，能够推动中国固有价值观的输出，促进人类文化的多元化。作为中国固有文化的一个重要组成部分，中医曾经是、现在依然是中华民族维护自己肌体健康的重要手段。它具有显著的救死扶伤的社会功能，并集中反映了中国固有文化中的价值趋向与文化特征。中医药国际化应该避免在经济主义和科学主义主导下的西化性的异化。作为中国固有文化的一部分，中医的国际化是以中国固有文化的国际化为前提的。

本文研究了“一带一路”倡议背景下中医药国际化发展的现状和问题，分析了中医药国际化面临的新机遇，提出了促进中医药国际化发展的思路。研究发现：(1)中医药是一种国家战略资源，兼具人文与医学科学的多重属性，提现了中华文化的精髓，是中华文明与“一带一路”沿线国家交流合作的最佳载体。(2)中医药国际化初具雏形，已经成为中华文明与世界各国文明沟通融合的独特纽带，中医药贸易规模日益增加，海外中医兵团的崛起，在“一带一路”沿线国家的发展趋势良好，但也面临着缺乏国际标准、中医理念不被认可、中医全盘西化等问题。(3)“一带一路”倡议为中医药国际化提供了广阔的发展空间，沿线国家的人民对中医药逐步接受和应用，给中医药在国际合作交流中带来重大机遇，中医药产业将成为中国在国际上的新名片。(4)在中医药国际化过程中，要采取文化先行、丰富中医药产业链、推广中医理念、构建跨国营销网络和掌控中医药标准化等策略。

21 世纪将是中医彻底走向国际化的世纪，通过中医药国际化，能够为世界人民增添应对疾病的医疗手段，提升全球人民的健康水平。无论是哪个国家，其人民都需要救死扶伤的医学，多一种医疗途径，也就多了一线治病救命的希望。因此，中医不应该为中华民族所专属,它既是中国的,也是世界的,中医药将迎来国际化的新时代,实现更大范围、更高水平、更深层次的大开放、大交流、大融合。

参考文献

曹静敏、徐爱军、张洪雷:《中医药文化之于国家软实力提升》,《中国医药导报》2012 年第 9 期。

陈小平、江娜、严暄暄:《中医药文化软实力特质分析》,《湖南中医药大学学报》2017 年第 4 期。

陈雁:《传统中医药国际化发展思考》,《中医药管理杂志》2012 年第 9 期。

董薇、郑麟、徐茵、周敦华:《跨文化传播视角下的中医药海外传播》,《南京中医药大学学报(社会科学版)》2014 年第 4 期。

段资睿:《中医药产业国际化发展路径研究——基于“一带一路”战略的视角》,《国际经济合作》2017 年第 4 期。

吉文辉:《试论中医药文化内涵的界定》,《南京中医药大学学报(社会科学版)》2009 年第 3 期。

李春燕:《论文化全球化背景下中医文化认同的构建》,《环球中医药》2012 年第 11 期。

刘昌孝:《对中药现代化及中药国际化发展的思考》,《中国药房》2016 年第 11 期。

彭宜梅:《中医文化力的现代价值——论中医国际化进程的路径选择》,《荆楚学刊》2014 年第 4 期。

司建平:《大健康背景下中医药国际化的策略选择》,《中医学报》2015 年第 5 期。

王跃溪、刘玉祁、王丽颖、史楠楠、韩学杰、王燕平:《中医药标准化发展迎来新的机遇与挑战》,《中华中医药杂志》2018 年第 6 期。

魏格坤:《中国中医药国际化之困境及破局思路》,《对外经贸实务》2012 年第 5 期。

吴晶晶、高山:《“一带一路”背景下中医药企业的国际化发展研究》,《中国研究型医院》2019 年第 1 期。

肖晓霞、萧樱霞、张洪雷:《一带一路视域下中医药文化的海外传播研究》,《中医药导报》2019 年第 5 期。

赵海滨:《从文化安全角度探讨中医药文化的发展》,《湖南中医药大学学报》2014 年第 10 期。

赵海滨:《中医药文化软实力特质的研究与探索》,《云南中医学院学报》2007 年第 1 期。

赵子鹤、王燕平:《中医文化国际传播发展策略之我见》,《国际中医中药杂志》2010 年第 3 期。

郑晓红:《试论中医文化的核心价值体系及其普世价值》,《中国中医基础医学杂志》2012 年第 1 期。

发展模式评论

基于历史唯物主义的新时代中国治理模式探微

鲁绍臣*

[摘要] 历史唯物主义的根本内涵是考察人类历史发展与变易的规律，其主要表现为不同生产方式之间“世代性”、“包容式”的否定与扬弃的过程。这一发展与中国哲学关于“天地之大德曰生”、“生生之谓易”的思想之间具有根本的相通之处。以理性个体的商品生产及雇佣劳动的资本生产为主导的近代及现代文明，曾经是“生生”的主要承担形式，但其拜物教的倾向使其违背“生”的向度同样也日益明显。这预示着包容了资本文明的以“共享”、“发展”为基准的社会主义国家治理类型，将成为最为接近共产主义的现代文明新类型。

[关键词] 历史唯物主义；中国；治理模式

一、近代以理性个体的商品交换为基准的文明类型

近代以来，以理性的原子个体为原则的现代启蒙政治，构筑了近代商业文明相互外在的“自由、平等、所有权”的基本构架，在个体劳动与私有财产基础上的商品交换关系构建了基本的价值理论逻

* 鲁绍臣，复旦大学当代国外马克思主义研究中心、复旦大学哲学学院副教授。

辑。这一时期被黑格尔称之为“自在自为”的国家也仅在形式法权的意义上发挥着“守夜人”的功能，其意味着与以人身依附为基础的中世纪教会制度和古希腊奴隶制的决裂，也意味着对商品交换关系中理性个体和“自由意志”主体的构建，同时还意味着小私有制的法权制度的构建。这其中经历了从但丁这位被恩格斯称为近代思想的第一人，到马基雅维利的“君主论”、路德的“因信称义”、加尔文的“良心自由”、博丹的“法权思想”、霍布斯的“自然状态”和洛克“自有财产”思想等一系列的努力与构建。

近代启蒙政治通过强调世俗利益的自然法权，完成了对于自然财富的占有与生产的重视，实现了从人身关系向物的生产，以及通过物的交换完成的“生”与“亲”（以外在化为代价的普遍联系）的创造，因此具有特定时代的革命与积极的意义。虽然马克思曾经明确指出，在近代，“先是马基雅弗利、康帕内拉，后是霍布斯、斯宾诺莎、许霍·格劳秀斯，直至卢梭、费希特、黑格尔则已经开始用人的眼光来观察国家了，他们从理性和经验出发，而不是从神学出发来阐明国家的自然规律。”①但这样的人实际上是被抽象化、等同化为私有财产的人。

换言之，文艺复兴短暂地强调人的力量之后，西方近代文明很快转向强调人的占有欲或贪欲，因此其人伦的基础不是“亲亲”，而是“亲我”的主观利己主义。不过，在他们看来，这是符合天理的新人伦和基本的德性。即近代政治所构建出来的自我与个体是抽象、同一，而非个性、差异的人，他们将复杂人性的财富欲、自我保存、利己主义限定为人的唯一而普遍的欲望，霍布斯曾宣称：“我首先作为全人类共有的普遍倾向提出来的便是，得其一思其二、死而后已、永无休止的权势欲。”（霍布斯，1985）在他们看来，“世人莫不以所乐者为善，所苦者为恶”。马克思在《57—58 年经济学手稿》中将其指认为资产阶级的致富欲。

---

① 《马克思恩格斯全集》第一卷，人民出版社 1995 年版，第 227 页。

不过，从历史唯物主义的视角来看，马克思承认其革命和进步的意义，其促进了普遍的联系和财富的快速增长。黑格尔同样指出，近代以来，“通过辩证的运动，主观的利己主义借助普遍转化为特殊的中介，由此，每个人在为自己获取、生产和享受时，实际上是在为任何其他人的享受而获取和生产”；“主观的利己心转化为对其他一切人的需要得到满足是有帮助的东西，即通过普遍物而转化为特殊物的中介。”（黑格尔，1961）同时，其强调通过人的劳动来形成新的“生生”与“亲”的财产关系。就如洛克在所言：人们应该为了生活和便利的最大好处而加以利用自然资源。并且，“只要他使任何东西脱离自然所提供的那个东西所处的状态，他就已经掺进他的劳动，在这上面参加他自己所有的某些东西，因而使它成为他的财产。”（洛克，1964）

但近代以来以理性为导向的西方文明本身又存在重大的困境，宗教不再能承担起救赎和启迪人类的重任，因为人们观察世界的眼光已然从宗教迷信或宗法关系转向了自然科学。恰如黑格尔所说，宗教性的救赎已不再可能。上帝越来越经不起人类理性的思考。近代启蒙后的人们发现，圣饼不过是面粉所做，圣骸只是死人的骨头。自然科学的冰冷性与市民社会的道德的冰冷性一道，将近代社会刻画成了不断创生的冰冷世界。舍勒在《死与永生》中感叹，在现代性社会中，世界已不再是爱和思的对象，而是计算和工作的对象；韦伯则指出，我们这个时代，那些终极的、最高贵的价值，已从公共生活中销声匿迹。吉登斯亦表明，个人的无意义感，即那种觉得生活没有提供任何有价值的东西的感受，成为根本性的心理问题。

因此，近代文明在“生”与“亲”方面同样也是有根本性的缺陷的。卢梭就指出，在霍布斯和洛克那里，“公共事务却被忽视，或者单凭私人利害的需要和指导去处理”。“他们在论述野蛮人的时候却描写文明人。”（卢梭，1962）“我们永远也不会尝到灵魂的最美好的情操，——那就是对德行的热爱。”（卢梭，1980）“人是生而自由的,但却无往不在枷锁之中。”(卢梭,1980)近代社会就其实质来说,并不是“一种更美好的、更稳定的生活方式”,而是“不可靠的、不安定的生活方式”。

马克思本人同样指出,号称从人出发的文艺复兴和启蒙运动眼中的人并不是直观和感性的人,而是作为理性主体和基于财产的法权关系的人,这样的人是抽象的,敌视人与物的感性光辉的。作为其代表的霍布斯的唯物主义因此是抽象化和等同化的。他们所做的工作就是要“证明资本阶级的理智是人类的正常理智。”马克思进一步明确指出,近代社会的“自由这一人权不是建立在人与人相结合的基础上,而是相反,建立在人与人相分隔的基础上。这一权利就是这种分隔的权利,是狭隘的、局限于自身的个人的权利。自由这一人权的实际应用就是私有财产这一人权。”近代社会的“平等,在这里就其非政治意义来说,无非是上述自由的平等,就是说,每个人都同样被看成那种独立自在的单子”;安全是“利己主义的保障”,以国家为中心的“整个社会的存在只是为了保证维护自己每个成员的人身、权利和财产。”“不过是彻底实现对人的否定而已”,因为“人本身已不再同私有财产的外在本质处于外部的紧张关系中,而是人本身成了私有财产的这种紧张的本质。”①

换言之,以自然状态、理性自然法和契约为基础和前提的近代政治哲学的根本错误,在于将作为效果的市民社会的现象变成了理所当然的前提和出发点,从而失去了自我变革和修正的可能。近代开端的人和物质的诗意的感性光辉不复存在。“感性失去了它的鲜明色彩,变成了几何学家的抽象的感性。物理运动成为机械运动或数学运动的牺牲品;几何学被宣布为主要的科学。唯物主义变得漠视人了。”②

① 《马克思恩格斯文集》第一卷,人民出版社 2009 年版,第 41 页。
② 《马克思恩格斯文集》第一卷,人民出版社 2009 年版,第 331 页。

二、当代资本主义生产方式的转型

基于古典政治经济学的劳动价值论传统，其真理性与适用性取决于其历史性前提：以个体劳动为基准的商品交换关系。在这个历史性前提的规定下，在生产领域的劳动以相互外在化的个体和工具理性的效率为基准，唯有通过交换方能形成社会性的抽象劳动及其价值实体和交换关系。问题在于，当代社会的历史性前提早已从理性个体劳动为基准的市民社会转变为以雇佣劳动为基准的资本主义社会，其在生产领域的劳动以资本家为"司令官"，形成了以相互共享、协作、支持，甚至是"兄弟"、"战友"般的"友谊"与"团结"，在交换的领域，已然从理性个体的交换升级为以资本集团，甚至是民族国家间的交换与竞争的关系。即"友谊"与"团结"的范围进一步升级为民族国家层面，甚至是跨民族国家的集团层面。

如果说以理性个体的商品拜物教为核心的劳动及其价值理论的政治哲学内涵是人的独立性与劳动的自由流动的话，以雇佣劳动为核心的当代劳动及其价值理论的政治哲学内涵，则是对基于流动的联合、协作和共同体精神。其是每个个体差异性潜能的极致发展和协作力的凸显，形成了一种非市民社会的市民社会的"生生与亲亲"的新型社会关系。但矛盾的是，资本一方面得依靠这些广泛的非市民社会的市民社会关系，方能赚取超额的剩余价值；另一方面，资本的拜物教化又使得其总是希冀通过违背这一原则的其他手段来获取增殖，比如垄断、租金、信贷及国家政策等。

具体说来，自资本诞生以来，原子化的理性个体和基于个体所有的私有财产所有制退场，通过原始积累和一系列社会政策和国家治理手段生产出来的"劳动力"开始以划时代的方式登上历史的舞台。国家不但在"双重自由"的意义上创生了雇佣劳动力。"雇佣劳动的前提和资本的历史条件之一，是自由劳动以及这种自由劳动同货币相交换,以便再生产货币并增殖其价值,也就是说,以便这种自由劳动不是作为用于享受的使用价值,而是作为用于获取货币的使用价值,被货币所消耗;而另一个前提就是自由劳动同实现自由劳动的客观条件相分离,即同劳动资料和劳动材料相分离。"①还通过在物质生产领域一系列机器化和流水线、泰勒制的生产模型,在社会生产领域的产业后备军和惩戒流浪、乞讨的法律规训和治理着劳动者。

小商品生产的近代文明被包容和扬弃了,"从洛克到李嘉图的一般法律观念都是小资产阶级所有制的观念,而他们所阐述的生产关系则属于资本主义生产方式,使这一点成为可能的是:在这两种形式中买者和卖者在形式上始终是一样的。"②"说财产(占有)是生产的一个条件,那是同义反复。但是,可笑的是从这里一步就跳到财产的一定形式,如私有财产"③,小资产阶级私有财产的人伦与资本主义的私有财产的法权是根本不同的。

"虽然资本形成和资本主义生产方式实质上不仅建立在扬弃封建主义生产方式的基础上,而且建立在剥夺农民、手工业者的基础上,总之,建立在消灭以直接生产者对自己的生产条件的私有制为基础的生产方式上;虽然已经实行的资本主义生产方式随着那种私有制和以那种私有制为基础的生产方式的被扬弃,从而随着这些直接生产者在资本积聚(集中)之下的被剥夺,而得到同样程度的发展;但是,不仅资本主义生产方式的理论(政治经济学,法哲学等),而且资本家本人在自己的观念中,都喜欢把自己的所有制形式和占有形式(这种形式在自己的发展过程中以占有他人劳动为基础,以剥夺直接生产者为自己的基础)与这样一种生产方式混为一谈,这种生产方式恰恰相反,它是以直接生产者对自身生产条件的私有制

---

① 《马克思恩格斯文集》第八卷,人民出版社 2009 年版,第 122 页。
② 《马克思恩格斯全集》第四十九卷,人民出版社 1982 年版,第 144 页。
③ 《马克思恩格斯文集》第八卷,人民出版社 2009 年版,第 11 页。

为前提的。”①“前者是劳动和所有权的同一性”，后者是“劳动表现为被否定的所有权，或者说，所有权表现为对他人劳动的异己性的否定”。②“所有权在一方面转化为占有他人劳动的权利，在另一方面则转化为必须把自身的劳动的产品和自身的劳动看作属于他人的价值的义务”。③

当代资本主义危机的真正问题还进一步表现为，当代新自由资本主义的金融化、消费主义、租金化的倾向日益挖空了产业资本的实质内涵和文明面，以主权关系为核心的劳动辩证法已然沦为新自由资本主义的意识形态遮羞布。对产业资本和启蒙政治经济学的创造性转换意味着对启蒙政治经济关系的辩证救赎，其主要路径为通过现代国家治理逻辑的转换，将现代文明的价值形式生产逻辑转型为以人的自由与发展为目的生命政治生产逻辑，方能消解新自由资本主义价值形式过度化所造成的抽象化、外在化、虚空化和纯权力化的困境，并在现代物质和价值生产的基础上完成新文明类型的构建。

三、基本历史唯物主义的新时代中国治理模式探微

“天地絪缊，万物化醇；男女构精，万物化生”之“生而又生，连绵不断”的生生之学，意味着繁衍生命、延续生命、提升生命质量等内容。其并不是简单复制与圆圈式的重复循环，而是充满变异和进化。就如《系辞上》赞美天地的伟大所说的那样：“盛德大业至矣哉！富有之谓大业，日新之谓盛德，生生之谓易。”亦如史伯所解读：“夫和实生物，同则不继。”中国传统文化的生生之学并不是简单的变化，其根本要义是“生生”。“生生”既是天理，又是“人伦”。《诗·小雅·伐木序》：“亲亲以睦友，友贤不弃，不遗故旧，则民德归厚矣。”

① 《马克思恩格斯全集》第四十九卷，人民出版社1982年版，第143—144页。
② 《马克思恩格斯文集》第八卷，人民出版社2009年版，第120页。
③ 《马克思恩格斯文集》第八卷，人民出版社2009年版，第107页。

“亲亲而仁民,仁民而爱物。”

不过,从历史唯物主义的视角来看,生生之学的天理既不是直接性的物质存在,也不是直接性的劳动生产,而是物质生产的方式与模式为研究对象的历史政治哲学,而方式与模式的判断标准并不是作为生产工具的生产力及其科学技术水平,而是作为人的存在方式的人与人的社会生产与交换关系模式。进一步追问,得到的答案是国家主权政治在作为主体的人的生产方面发挥着根本性的作用。即对于马克思而言,“万物化生”既是天理,更是人伦和社会历史的结果,当天与人合一时,其是最具有历史正当性的生产方式,而当其分离时,新的生产方式就会随之诞生。

当马克思在《资本论》中反复引用亚里士多德“人是政治的动物”,以及反复强调“人就是人的国家、社会”时,已然表明了其历史唯物主义政治哲学思想的基本立场,并将这一思想运用到《资本论》及其手稿的写作中,完成了对资本主义生产方式的诞生、发展和变化的基本考察,并已然预示了新自由资本主义的治理模式的可能性,以及以人的自由和全面发展为导向的社会主义新现代文明的治理模式与路径。

这就意味着双重的历史任务:一是通过对资本逻辑的治理和驾驭,以避免其虚拟化、形式化和纯粹权力化的倾向,以期始终保持在促进非市民社会的市民社会关系的文明、革命与积极的层面。二是创造性地转换传统社会的“生生”与“亲亲”的美人之美,成人之美的积极意义,使其与市民社会的原子个体关系发生碰撞之后,为聚合生成非市民社会的市民社会关系提供思想的资源。

如果说现代文明的根本内涵是理性、财产和各种以各种外在目的为导向的拜物教的话,新的现代文明类型将会在现代文明的地基上,将物质财富的生产与人的发展,将共同体的建构与人的自由真正统一性,从而完成中国传统文明“天人合一”、“人际和谐”的现代创造性转换和有唯物主义基础的继承。因此,其首先要为商品交换等原则划定边界:马克思、恩格斯在1848年的《共产党宣言》中也有一个著名的表述——“资产阶级抹去了一切向来受人尊崇和令人敬畏的职业的神圣光环。它把医生、律师、教士、诗人和学者变成了它出钱招雇的雇佣劳动者。”①马克思在《资本论》中讲道:“有些东西本身并不是商品,例如良心、名誉等等,但是也可以被它们的占有者出卖以换取金钱,并通过它们的价格,取得商品形式。”②而党的十九大报告指出:“自觉抵制商品交换原则对党内生活的侵蚀,营造风清气正的良好政治生态。”

新的现代文明类型意味着对“不是自由地发挥自己的体力和智力……因此,工人只有在劳动之外才感到自在,而在劳动中则感到不自在”③的资本文明的超越。重新用“亲亲”与“生生”的内在关系为原则来驾驭资本。因为后者总是“一方的人的能力的发展是以另一方的发展受到限制为基础的”④。使财富和使用价值不仅仅围绕交换价值和价值增殖疯狂跳动,同时还照顾人的真实需求。即不为了“某种纯粹外在的目的而牺牲自己的目的本身。”⑤

就具体路径而言,如果说缺乏历史性前提视野的近代政治哲学强调的是通过原子个体的自然状态来形成契约论的国家,而同样缺乏历史性视野的康德以来的现代政治哲学则强调通过市民社会的公共理性形成公共领域的结构转型,通过制定国家宪法,在市民社会决定性地脱离国家的基础上,进一步反过来决定和规定国家。基于历史性前提进行反思与批判的历史唯物主义,则在当代资本逻辑“自在自为”主体之后,探索以新的“包容”资本在内,以非市民社会的市民社会为目标的“新主体”,其“生生”与“亲亲”的逻辑,将成为当代社会的劳动与价值生产的主导形式,也必将赢得新的历史性发展的未来。

① 《马克思恩格斯文集》第三卷,人民出版社2009年版,第363页。
② 《马克思恩格斯文集》第五卷,人民出版社2009年版,第123页。
③ 《马克思恩格斯文集》第一卷,人民出版社2009年版,第159页。
④ 《马克思恩格斯全集》第三十二卷,人民出版社1998年版,第214页。
⑤ 《马克思恩格斯文集》第八卷,人民出版社2009年版,第138页。

参考文献

黑格尔:《法哲学原理》,范扬、张企泰译,商务印书馆 1961 年版,第 210 页。

霍布斯:《利维坦》,黎思复、黎廷弼译,杨昌裕校,商务印书馆 1985 年版,第 72 页。

卢梭:《论政治经济学》,王运成译,商务印书馆 1962 年版,第 14 页。

卢梭:《社会契约论》,何兆武译,商务印书馆 1980 年版,第 191 页。

卢梭:《社会契约论》,何兆武译,商务印书馆 1980 年版,第 8 页。

洛克:《政府论》(下篇),叶启芳、瞿菊农译,商务印书馆 1964 年版,第 18 页。

《马克思恩格斯全集》第三十二卷,人民出版社 1998 年版。

《马克思恩格斯全集》第四十九卷,人民出版社 1982 年版。

《马克思恩格斯文集》第一卷,人民出版社 2009 年版。

《马克思恩格斯文集》第三卷,人民出版社 2009 年版。

《马克思恩格斯文集》第五卷,人民出版社 2009 年版。

《马克思恩格斯文集》第八卷,人民出版社 2009 年版。

图书在版编目(CIP)数据

新时代下的中国发展模式:从乡村振兴到健康产业
赵德余主编.—上海:上海人民出版社,2019
(复旦发展与政策评论)
ISBN 978-7-208-15938-9

Ⅰ.①新… Ⅱ.①赵… Ⅲ.①中国经济-经济政策-研究 ②社会政策-研究-中国 Ⅳ.①F120 ②D601

中国版本图书馆 CIP 数据核字(2019)第 128217 号

责任编辑 刘林心
封面设计 傅惟本

新时代下的中国发展模式
——从乡村振兴到健康产业
赵德余 主编

出　　版 上海人民出版社
(200001 上海福建中路 193 号)
发　　行 上海人民出版社发行中心
印　　刷 常熟市新骅印刷有限公司
开　　本 635×965 1/16
印　　张 13.75
插　　页 4
字　　数 176,000
版　　次 2019 年 8 月第 1 版
印　　次 2019 年 8 月第 1 次印刷
ISBN 978-7-208-15938-9/D·3441
定　　价 55.00 元